教育部人文社会科学研究项目基金资助（项目批准号：13YJA710023）

新媒体背景下
青少年价值观引导研究

林岳新　著

中国社会科学出版社

图书在版编目(CIP)数据

新媒体背景下青少年价值观引导研究/林岳新著. —北京:中国社会科学
出版社,2016.6
ISBN 978 - 7 - 5161 - 8352 - 6

Ⅰ.①新… Ⅱ.①林… Ⅲ.①青少年—思想政治教育—研究—中国
Ⅳ.①D432.62

中国版本图书馆 CIP 数据核字(2016)第 133291 号

出 版 人 赵剑英
责任编辑 田 文
特约编辑 丁 云
责任校对 张爱华
责任印制 王 超

出　　版　中国社会科学出版社
社　　址　北京鼓楼西大街甲 158 号
邮　　编　100720
网　　址　http://www.csspw.cn
发 行 部　010 - 84083685
门 市 部　010 - 84029450
经　　销　新华书店及其他书店

印　　刷　北京金瀑印刷有限责任公司
装　　订　廊坊市广阳区广增装订厂
版　　次　2016 年 6 月第 1 版
印　　次　2016 年 6 月第 1 次印刷

开　　本　710×1000　1/16
印　　张　13
插　　页　2
字　　数　188 千字
定　　价　49.00 元

导　　言

　　本研究项目成果《新媒体背景下青少年价值观引导研究》力图从我国现阶段青少年价值观的现状和价值观教育研究水平出发，在更高层次上对青少年价值观引导问题作进一步研究。我们的指导思想是，以马克思主义的科学世界观为指导，积极针对现实，面向未来，对新媒体背景下青少年价值观引导作进一步的研究和探讨。我们的目的是，期望通过对青少年价值观理论及引导问题的初步探讨，引起广大学者，尤其是青少年朋友对价值观问题的进一步思考，帮助他们树立正确的人生观、价值观，并力图为青少年价值观引导提供思路，为思想政治教育学科在青少年研究方面做一点有益的尝试。

　　任何学科和理论都有其特定的研究对象和逻辑起点，本研究选择了人的本质与人的需要作为青少年价值观引导理论的逻辑起点，并成为贯穿课题的主线。我们知道，青少年价值观的形成既是社会化的过程，又是在社会实践中不断满足其需要的过程，人类要求有满足其生存、享受和发展的需要，而青少年有更多特殊需要，也就是需要的多样性、需要的强烈性和需要的矛盾性，对于青少年而言，现代化媒介更贴近他们的生活，他们能够熟练地运用现代化媒介，也以积极的姿态参与其间，媒介文化满足了青少年丰富的需要，青少年在享受着媒介文化多样性所带来的需要中，有些需要会发生冲突，相互矛盾，同时由于青少年自身社会经验的不足和客观条件的限制，常常因此陷入需要发展的矛盾，如果得不到及时指导和帮助，正确地对待这些矛盾，就会造成青少年社会化的障碍，出现青少年价值观危机和迷失，甚至出现异常行为，马克思主义认为，需要是人们行为的内在动力，是激起人们行为的普遍原因。因此，人的本质与人的需要理论是青少年价值观矛盾的萌芽。

从这点出发，围绕这个理论支点，我们试图构建新媒体背景下青少年价值观引导及理论的研究体系。这个体系分为十二个方面。从马克思主义关于人的本质与需要的理论入手，面对新媒体出现的媒介文化，集中分析新媒体文化与青少年多元共生价值观，试图找出新媒体与青少年价值观形成的联系，运用实证研究方法，重点对中小学生价值观的现状进行调查，并进行比较和差异分析、因素分析。从感性到理性的提升，运用本学科的理论和方法，对青少年媒介文化依赖表现进行整理和归结，对目前青少年在价值观方面所表现的异常行为进行透视，进一步分析这些异常行为与媒介文化需要的原因关系。在这个基础上，我们从现实问题出发，围绕青少年价值观引导的立足点，对青少年价值观引导的原则、功能及基本矛盾进行探讨，通过媒介文化对青少年个体价值观形成和发展规律的考察、剖析，进一步确立青少年价值观引导的内容和方法，并提出具体引导措施和途径。我们认为，在新媒体背景下，青少年价值观引导，西方国家虽然有其独特的理论和方法，但我们必须从我国青少年的具体情况出发，以满足青少年的不同需要为目的，围绕核心价值观，建立青少年价值观的引导机制。

总之，在上面的构架和内容上，我们都试图超越就事论事的研究方法，通过实证方法，着力于在大量的具体现象和理论中进行高度的抽象，通过对"抽象点"的集中、深入的分析，从而解释大量、具体现象和理论的钥匙。

由于本人研究水平的限制，研究时间较为仓促，本研究难免有许多不足之处，希望各界同人提出宝贵意见和建议，使本研究更加完善。

目　　录

第一章　价值观及其理论基础

价值观是人们对价值的一般观点和根本看法。价值观是人们对社会存在的反映，是社会变迁的折射，它具有相对稳定性同时也随着社会经济结构、政治结构和文化结构的变化而变化。价值观是人们用来评价行为、事物以及从各种可能的目标中选择自己合意目标的准则。可以说，任何时代、任何社会、任何个人的生活都是在其价值观的指导下进行，失去价值观的指导是不可思议的。因此，加强价值观教育与引导是社会发展与个人成长的需要。我们必须清楚地认识科学的价值观，必须紧紧把握时代的脉搏，永远保持与社会发展规律相一致，才能从必然走向自由、从必然王国走向自由王国。

第一节　人生观与价值观

树立正确的世界观、人生观和价值观是一个人获得人生幸福与成功的根本所在。在世界观、人生观和价值观的关系中，世界观是具有宏观性的，它包括了人生观和价值观。世界观是人对整个世界总的观点和根本看法，它是人对自然界、人类社会和人类思维等的一切观点的总和，是一个人在世界中安身立命的根本和基础。人生观是对人的生存和生活活动的基本观点，是对人的存在价值和意义的看法，它要解决的是人为什么而活，人生存的目的与意义何在，人生的终极目标与道路选择问题。人生价值观是从人的角度出发，对人生的意义、价值、追求、理想等所表达的看法，它是人为自己的人生所建立的标尺、航向，是人生理想的体现。因此，人生价值观对人的成长与发展起着重要的指导作用。虽然世界观包括了人生观，但它不能代替人生观，人生观是世界观中的非常重要的一个方面。因为任何世界观都是具体人的世界观，人的人生观是其世界观存在的前提条件。价值观是世界观的一个核心内容，它离不开具体的人，总是表现为人的价值观。如果说世界观主要回答世界是什么、人生是什么的问题，那么，价值观则是回答我们需要什么、我们追求什么，怎样的世界、怎样的人生才是美好的等问题，因此，仅仅有了世界观、人生观还不行，还必须有正确的价值观才行。那么，何谓价值观呢？

关于价值观的定义，学术界存在一些争论和分歧，基本观点如下：黄希庭等人[1]（1994）认为，价值观是人区分好坏、美丑、损益、正确与错误，及符合或违背自己意愿等的观念系统，它通常是充满感情的，并为人的正当行为提供充分的理由。袁贵仁[2]认为价值观就是人们关于某种事物对人的作用、意义、价值的观点、看法和态度。张进辅[3]认为价值观是人们以自身的需要为尺度对事物重要性的认识的观念系统。我们认为，价值观是指个体以自己的需要为基础，对周围的客观事物（包括人、事、物）的意义、重要性的总评价和总看法，是推动并指引人们决策和采取行动的核心因素。积极的价值观会使人的言行表现出健康向上的特征；反之则会对个人和社会产生不良的后果及影响。青少年价值观是青少年对其生活中的各种事物、现象和对自身价值的认识、评价、决定取舍所持的最基本的观点。它支配着青少年的人生追求、思维和情感方式，主导着青少年的发展方向，对青少年的成长具有非常重要的意义。

影响价值观形成的因素是多方面的，涉及个体的内外环境，既

---

[1] 黄希庭、郑涌等：《当代中国青年价值观研究》，人民教育出版社 2005 年版，第 5 页。

[2] 袁贵仁：《价值观的理论与实践——价值观若干问题的思考》，北京师范大学出版社 2006 年版，第 152 页。

[3] 张进辅：《现代青年心理学》，重庆出版社 2002 年版。

包括生理因素和心理因素等内部环境，也包括自然因素和社会因素等外部环境。青少年作为一个特定的群体，其价值观具有自己特点。第一，强烈的主体性。随着青少年自我意识的发展，他们逐步具有了独立、自主的能力，随着社会交往的扩大和人际关系的深化以及文化知识的丰富，青少年的独立意识日益增长，表现出强烈的主体性。第二，显著的变动性。心理学家霍尔把青年期比作是"疾风怒涛"的时期，这时的特点是动摇、起伏，出现一些非常显著的互相对立的冲动。因此，青少年自身的特点和社会的变化决定了青少年价值观呈现出显著的变动性。在这种情况下，使青少年的价值评价、价值取向和价值认知呈现出不稳定的态势。第三，明显的可塑性。青少年的生理、心理都还处于由不成熟逐渐走向成熟的过程中，他们在人生历程中必将遇到许多新的问题，加上现代社会是处于急剧变化的过程中，青少年的价值观也会处于边形成边变化的过程。正是由于青少年价值观具有的可塑性，才使我们引导、矫正和培养青少年价值观成为可能。第四，广泛的从众性。在价值认识、审美意识、消费方式方面普遍存在从众心理，追赶着群体的标准和潮流。[①]青少年价值观的显著特征为我们的教育提供了方向。

我们认为价值观是人们对于生活中的基本价值所持的观点、信念和理想的总和，是判断是非曲直、真善美、假恶丑的价值准则，它反映客观事物对于个人及人类的意义和价值。价值观是人们对于某种事物是否具有价值、具有何种价值的判断，表现为主体的需要、利益、情感、愿望和追求，从而使得人们在行为方式、手段和目的的选择上显得迥然不同。价值观意义重大。"价值观是人们心目中用于衡量事物轻重、权衡得失的天平和尺子。就社会整体的角度而言，它是人和社会精神文化系统中深层的、相对稳定的起主导作用的部分；就生命个体而言，它是每个人生活和事业中的最重要的精神追

---

① 涂艳：《网络媒体对青少年价值观形成的影响及对策研究》，贵州大学硕士学位论文，2009 年 12 月。

求、精神支柱和动力所在。"① 价值观有正确与错误之分。价值观作为判断好坏的标准、指导人们行动的指南，本身也有正误好坏之别。只有正确的价值观才能指导人们积极、健康地生活，错误的价值观则会引人误入歧途。

第二节　主体与客体关系的理论

价值观属于社会意识范畴，是客观社会现实在人们头脑中的反映，是人和社会精神文化系统中深层的、相对稳定并起主导作用的部分，是人们乃至国家的精神所系。而对于价值这一范畴的理解，直接关系到我们对价值观以及价值观教育等概念的理解和把握。

对"价值"本质的理解和规定，有"实体说"、"属性说"、"理念说"和"关系说"四种不同的基本方式。价值的"实体说"认为，价值就是有价值的事物，把价值看作是和实体一样的客观存在，把价值等同于具体的物品。这样，价值依附于实体而存在，离开实体就无法把价值表述清楚。这种观点无法说明复杂的价值现象。价值的"属性说"认为价值并不是客体事物本身，而是客体所固有的某些属性。因此，实体有用即可说它有价值，没有用就是没有价值。但"属性说"同样不能说明价值的本质，因为它把属性等同于价值的观点是片面的。既然实体的固有属性不发生变化，那么它的价值也不应当发生改变。因而，它就无法解释在不同的历史条件下、不同的环境中、不同的主体面前实体价值的变化。价值并不是事物本来就有的，它是"由于人的存在使某些事物显现出有用的属性，继而由于事物显现的有用性使人认为该事物具有价值"。② 以上两种观点都试图以物为主体来说明价值，都有其局限性。因而，人们引入"理念说"试图从人的角度来说明价值，认为："价值只是人的兴趣、欲望、情感、态度、意志等本身；什么东西有价值，就是人们

---

① 黄立坚：《大学生价值观教育存在的问题分析与对策探讨》，华中师范大学硕士论文，2004年，第8页。

② 兰久富：《社会转型时期的价值观念》，北京师范大学出版社1999年版，第49页。

对什么东西有兴趣、有欲求，兴趣和欲求赋予事物以价值；价值产生于、存在于人对事物的评价之中。"① 其缺点是否认了客观价值的存在，把其当作一种主观随意的、相对主义的观念。价值的"关系说"把作为主体的人与作为客体的实物联系起来了，这种观点认为，实物不能决定自身的价值，人（主体）也不能决定实物（客体）的价值，只有人和实物联合起来才能决定实物有无价值以及价值的大小。主体与客体联系的中介是主体的需要，即当客体恰能满足主体的某种需要的时候，主体与客体之间的价值关系才成立，价值只存在于这种价值关系之中。它强调因人而异，对主体的价值会因主体不同而不同。但综观以上观点，它们总存在着这样、那样的不足。马克思曾经指出："'价值'这个普遍的概念是从人们对待满足他们需要的外界物的关系中产生的。"② 因此，价值具有对象性，而这种对象性集中体现在主客体的对象化过程中。事物的价值体现，主要在于其满足主体的某种需要的实现，价值的大小也与满足需要的程度有关。如果某种实物能满足主体的一定需要，对主体的生存发展有积极的意义，它就是有价值的；反之，如果某种实物不能满足主体的需要，甚至妨碍主体实现某种需要，对于主体具有消极的否定的意义，就会被主体认为是无价值的。因此我们可以看出价值的有无与主体的对象化活动有关，具有相对性。同时，需要的满足程度决定了实物价值的实现程度。讲到价值，必然涉及两个方面：一方面是主体的需要和要求；另一方面是客体的某种性质、性能。价值是在二者之间的关系中发生和形成的。价值既有客观性，也有主体性。

首先，价值具有客观性。虽然主体的需要与价值有着密切的联系，但却不是完全根据主体的主观需要决定的，价值有其产生的客观基础。价值以物质的或精神的现象本身所具有的属性为现实基础。食物与房屋能满足人生存的需要，书本与音乐能满足人精神享受的

---

① 李德顺：《价值新论》，中国青年出版社1993年版，第67页。
② 《马克思恩格斯全集》第19卷，人民出版社1963年版，第406页。

需要，首先是因为它们本身具有某种特定的属性，也就是具有某种内在的价值。同时，人的需要也不是主观随意的，而是受客观物质条件与实践水平的制约。人的需要同实践活动一样是具体的、历史的，处于不断变化和发展中。随着时代的发展，一些旧的需要消失了，一些新的需要产生了，还有一些旧的需要具有了新的形式、意义。人的需要的产生和满足并不是随心所欲的，它根据不同的客观历史条件和不同的现实基础不断发生变化。其次，价值还具有主体性。一方面，价值的主体性表现为在价值关系中不是人趋近物，而是物趋近人。价值是一种对象化的哲学范畴，价值关系也具有指向性，但这种指向性主要指的是人的主体性。客观事物具有某种满足人的需要的可能性，但这种可能性能否变成现实性，客观事物价值能否实现，不以某物自身的属性为基准，而以主体的需要为基准。主体的需要及其需要的程度，是某物是否有价值以及价值大小的内在尺度。可以说，具有客观需要的现实的主体是价值关系的中心。另一方面，价值的主体性突出体现在主体的创造性上。主客体之间的价值关系不是一种自然的现成的关系，也不是主体需要与客体属性随机相遇的关系，而是主体在实践基础上同客体确立的一种创造性的关系，价值体现的是主体的创造性本质。价值的主体性还体现在价值的客观性与主体性的辩证统一上。价值的客观性指的是，价值虽然离不开人，但它是在人的客观需要同客体的属性之间发生的一种客观关系，在这种主客体之间的辩证运动中，人自然成了价值活动关系的主角，没有主体的创造性活动，物就不会实现对于人的价值。无论是价值的客观性还是主体性，都根源于人的实践活动。实践既是把主体需要和客体属性相联系、相统一的现实基础，也是确立人的主体地位并使物向人趋近的根基。因此，价值活动在本质上还是一种社会的、实践的活动，人的因素在其中占了主导。学者石海兵认为，对价值的规定离不开主体和客体中的任何一方，但又不能归结为任何一方；对价值的规定离不开主体和客体之间的关系，但又不能归结为这种关系，因为有比价值关系更为根本的东西——实践，"任何价值的实现，都有赖于创造价值的实践活动。实践是价值的源泉，规定价值，必须突出实践"。总之，作为一个哲学范畴，价值指的是主体与客体之间的一种特定的关系，即客体以自身属性满足主体需要或主体需要被客体满足的效益关系。

第三节　人的本质与需要的理论

人的本质历来是哲学家们孜孜以求不断探索的问题。正如人们可以从各个不同的视阈来破解世界的本原一样，人们也可以从不同的维度来剖析人的本质，因此，纵观古今中外，关于人性或人的本质的学说是不断地得到丰富与发展的。

我国古代思想家对人进行理论的探讨，始于春秋战国时期。《尚书·泰誓》中提到人在宇宙中的地位时，谓之"惟人万物之灵"。墨子认为，禽兽用羽毛、利爪等来保障自己的生存，而人则"赖其力"即依靠劳动来维持生存。之后，影响最大的莫过于孟子的"性善论"和荀子的"性恶论"。孟子认为人性本善，"恻隐之心，人皆有之；羞恶之心，人皆有之；恭敬之心，人皆有之；是非之心，人皆有之。恻隐之心，仁也；羞恶之心，义也；恭敬之心，礼也；是非之心，智也。仁义礼智非由外铄我也，我固有之也，弗思耳矣。"（《孟子·告子上》）荀子则认为人性本恶，人性"生而有好利焉"，"生而有耳目之欲，有好声色焉"，所以"从人之性，顺人之情"不行的，必须有"师法之化，礼义之道，然后出于辞让，合于文理，而归于治"。他的结论是："人之性恶，其善者伪也。"（《荀子·性恶篇》）孟子和荀子的性善和性恶论，各自从相反的角度深刻地剖析了人的本质，抓住了人的本质属性的一个方面，都有其存在的合理性。但是，其单维度的人性论观点的片面性也是显而易见的。到了汉代，性善论和性恶论就受到了董仲舒和扬雄的修正与扬弃，善恶相混的观点由此而来。董仲舒根据阴阳辩证的观点指出："人之诚有贪有仁，仁贪之气两在于身。身之名取诸天，天两有阴阳之施，身亦两有贪仁之气。"（《春秋繁露·深察名号》）后来，扬雄更明确地提出了"善恶相混说"。他说："人之性也善恶混，修其善者为普人，修其恶者为恶人。气也者，所以通善恶之焉欤？"（《法言·修身》）这种观点就打破了把性善和性恶截然二分的片面的思维方式，力图揭示人性中善与恶的矛盾统一关系。西方的思想家也从不同的维度对人的本质问题进行了考察。学者左亚文认为，"在西方，由于基督教的'原罪说'和'救赎论'影响，'性恶论'一直占据着主导地位，而且由于致思趋向的不同，古、近代的思想家们专注于对于自然界的'真理论'或'认识论'研究，而对人性论则主要是从理性和非理性的认知角度切入的"（左亚文，2007）。从古希腊哲学到近代哲学，许多哲学家都认定人的自然本性就是导向趋乐避苦的"自私"、"为己"、"自爱"、"自保"。依据这种自然本性的观点，18世纪的法国启蒙学者从人的"感情和性格"形成的客观环境条件出发，提出"人是环境和教育的产物"；而唯意志论者叔本华和尼采则把人的自然本性具体化为"生存意志"和"权力意志"；弗洛伊德构建了一个由"本我"、"自我"和"超我"而组成的"人格三部曲"；存在主义者则认为"人是自我选择的产物"，并具体探讨了人的本质生存状况。这些观点在一定程度上都有其合理性，但其片面性也是不能抹杀的，但正是其局限性的存在使得后人在探索人性的道路上有更广阔的发展空间。

马克思对于人的本质的问题，不同时期有三个论述，即人的本质是劳动、人的本质是一切社会关系的总和、人的需要即人的本质。

第一，人的本质是劳动。对人的本质问题，马克思给人的本质作出的第一个论述来自于《1844年经济学哲学手稿》。马克思说："劳动这种生命活动、这种生产生活本身对人说来不过是满足他的需要即维持肉体生存的需要的手段。而生产生活本来就是类生活。这是产生生命的生活。一个种的全部特性、种的类特性就在于生命活动的性质，而人的类特性恰恰就是自由的自觉的活动。"① 这里说的人的类特性即人的本质，这里说的自由的自觉的活动即劳动。也就是说，人的本质就是劳动。劳动是使人和动物区分开来，使人成其

---

① 石海兵：《青年价值观教育研究》，安徽人民出版社2007年版，第14页。

为人的内在根据。正是自由自觉的活动创造了人本身和人类社会。第二，人的本质是一切社会关系的总和。这个论述来自《关于费尔巴哈的提纲》一文，也是最为人所熟知的，即"人的本质不是单个人所固有的抽象物，在其现实性上，它是一切社会关系的总和"。①概括地讲，即人的本质是一切社会关系的总和。他指出人不是抽象的人，是自然存在的人，也是社会存在的人，人的本质不是人的自然性、生物性，而是其社会性。人的本质不是一切人所共有的一般本质，而是不同的人所具有的不同的本质，即人的具体本质，它不是某一方面的社会关系，而是一切社会关系的总和。这也说明了人的本质不是固有的、一成不变的，而是现实的、具体的、变化的。因为人的本质在其现实性上，是一切社会关系的总和，而生产关系是由生产力决定的，生产力的不断飞速发展决定着生产关系的新旧更替。因此，特定的历史时期，由于社会关系的不同，"一切社会关系的总和"也是不断发生变化的。人是具体的社会的人，分析他的本质就不能脱离他所处的社会环境，不能离开特定的社会关系，这样，才能把不同的人区别开来。第三，人的需要即人的本质。这个论述出自《德意志意识形态》。马克思指出，在任何情况下，个人总是"从自己出发的"，但由于从他们彼此不需要发生任何联系这个意义上来说他们不是唯一的，"由于他们的需要即他们的本性，以及他们求得满足的方式，把他们联系起来（两性关系、交换、分工），所以他们必然要发生相互关系"。即人的需要即人的本性、本质。对人的需要的探究也就是对人的本质的探究。人的需要有自然性需要和社会性需要、物质层面的需要和精神层面的需要。马克思指出，任何人类历史的第一个前提无疑是有生命的个人的存在，而人类活动的第一个目标就是满足生命的需要。人的需要作为人的本质的规定性，产生于人与外部世界的联系。人首先是自然存在物，然后才是社会存在物，只有人的生命得到存在和延续，才有人类社会的存在与发展。但决定人的本质的不是自然性的、物质层面上的需要，而

① 《马克思恩格斯全集》第 3 卷，人民出版社 1979 年版，第 514 页。

是社会性的、精神层面上的需要，正是这样，才能更好地区分人和动物。自然性的、物质层面上的需要满足了人类自身生存和发展的需要。因为人是自然的产物，是自然界的一部分，人的生存与发展必须立足于自然界，必须遵守自然规律。可以说自然性是生物与生俱来的特性，人也不能例外。但人的本质主要体现于人的社会性需要，因为人是社会的存在物，个人只有在社会生活中才能成为真正意义上的、现实的人。人类不止步于自然欲望的满足，他要探寻生命存在的价值与意义，探索更适合自身的生存道路，要追求精神上的愉悦与幸福。因此人的本质还体现在人的精神文化需要。

　　人类的生产活动归根结底是由需要所引起的，而生产的目的又是为了满足人的需要。尽管马克思说过，生产决定需要，并创造新的需要，但是，人的需求的无限性却构成始终是有限的生产力不断发展的永恒动力。同时，人作为社会存在物，其需要的内容和形式以及满足需要的方式，都体现了人优于和高于动物的本质特征。如动物的需要是由它所属的那个种的性质所规定的。它不可能越出这个界限，因而其需要是狭隘的和有限的；而人的需要却可以自由地超出自身种的规定，日益发展出更高层次的需要，因而人的需要是丰富的和无限的。所以，从人的需要这个维度看，"他们的需要即他们的本性"。

第二章　新媒体与媒介文化

　　21 世纪以来，计算机技术、通信技术和网络技术的不断发明和使用把人类社会带入数字化信息时代，人们的生活、学习、思维方式也随之发生着改变。从中国互联网络信息中心（CNNIC）2013 年 7 月发布的第 32 次《中国互联网络发展状况统计报告》中提供的数据显示，截至 2013 年 6 月底，我国网民规模达 5.91 亿，互联网普及率为 44.1%。特别值得注意的是，手机网民规模达 4.64 亿，网民中使用手机上网的人群占比提升至 78.5%。手机网络音乐、手机网络视频、手机网络游戏和手机网络文学的网民规模相比 2012 年年底分别增长了 14.0%、18.9%、15.7% 和 12.0%，保持了相对较好的增长率。对网民人群结构的统计显示网民群体以少年、青年为主，10 岁到 29 岁的网民占据了总体网民 52.7% 的比例。而对网民职业结构的统计中显示网民中小学及以下、初中学历人群的占比分别为 11.2% 和 36.3%，相比 2012 年年底均有所上升，尤其在初中群体中的升幅较为明显。学生群体是网民中规模最大的职业群体，占比为 26.8%。[①]伴随着信息资源的全球同步化以及网络所带来的虚拟化的生存方式，媒介文化是传播技术发展到一定阶段的产物，将通过电影文化、电视文化、网络文化等新的媒介文化类型对处于"发展中"的过渡状态，极易受新事物吸引的青少年产生着重大影响，

[①]　中国互联网络信息中心：《中国互联网络发展状况统计报告》（http://www.cnnic.net.cn/）。

尤其是价值观方面的影响。因此，在拥有更大的自主权和选择权的虚拟世界中，如何抵制新的媒介文化对青少年价值观产生的消极影响，用社会主义核心价值观引导青少年价值观成为教育者必须面对的一个重大课题。

第一节　新媒体与媒介文化的形成

对媒介文化的关注，最早可以追溯到 20 世纪 30 年代的法兰克福学派。该学派诸多成员，出现了霍克海默、阿多诺、马尔库塞、本雅明、哈贝马斯等几代学术大师，先后对意识形态国家机器、文化工业、机械复制时代的艺术、文化霸权等进行了深入的研究和批判，以其饱含价值判断和人文理想的知识分子情怀，对于大众文化、大众传媒进行了激进的批判。后来，英国文化研究学派对于大众文化进行正本清源式的研究，如理查德·霍格特的《文化的用途》、威廉姆斯的《文化与社会》、霍尔的《电视话语的解码与制码》等。当然还有许多学者和其研究著述无法放置于我们的视野之外，如道格拉斯·凯尔纳的《媒体文化——介于现代和后现代之间的文化研究、认同性与政治》、约翰·费斯克的《理解大众文化》、尼克·史蒂文森的《认识媒介文化——社会理论与大众传播》等。虽然我们在西方研究者的著述中时常能见到"媒介文化"的字样，但是，作为一个独立的概念，媒介文化却直到晚近才出现。就连尼克·史蒂文森的《认识媒介文化——社会理论与大众传播》一书，也基本上是对马克思主义与大众传媒、哈贝马斯及其公共领域、马歇尔·麦克卢汉与文化媒介等问题的综述和评价。[①] 而在中国内地，20 世纪 90 年代以前，学界基本上没有使用过媒介文化一词。可见，无论是对西方还是对中国学界来说，媒介文化都算是一个新生事物。

经过近年来的发展，学界对媒介文化的研究成果可谓不计其数。但是，如何理解和界定媒介文化却一直众说纷纭。在法兰克福学派

---

① 鲍海波：《媒介文化的阐释与批判》，中国社会科学出版社 2009 年版，第 9 页。

看来，媒介文化是一种压制性的意识形态，它不但不能提升大众的精神境界，反而以虚假的自由误导大众，让大众沉醉于单向度的感官享受中。而费斯克则倾向于从消费实践角度理解媒体文化。麦克卢汉突出强调了媒介对社会文化的形塑力量。他认为，正因为有了媒介，人类才有可能从事与之相适应的传播和社会活动；媒介的不同决定了社会文化样态的不同；媒介会消灭一种文化，同时引进另一种文化。而在鲍德里亚看来，媒介文化创造出了一个超现实的"拟仿"世界，它使一切真实失去稳定性，并最终促使主体趋向多重化、离散化；它的存在就是填充人们不断变换的、不确定的需要。美国学者凯尔纳认为，媒介文化极为复杂，至今它依然抵触任何较为综合的理论概括，因为高度综合的理论往往是片面化的，会对媒介文化的某些重要方面视而不见。在凯尔纳看来，媒介文化是由印刷媒介和电子媒介共同构建的、复杂的文化系统，它同时是图像文化、商业文化和高科技文化。在对媒介文化众声喧哗的诸多界定中，凯尔纳对媒介文化的理解和界定可谓独树一帜。

我们认为，所谓媒介文化就是指因大众媒介的社会影响而产生的一种文化形态，是显现在大众传播活动中的社会文化现象。媒介文化以不同的媒介形态分为电影文化、电视文化、网络文化等不同的文化类型，属于大众文化的范畴。[1] 媒介文化具有广泛推行社会价值规范与建构社会价值意识的社会功能，其基本属性有无限复制的奇异性、不可遏制的商品性、审美现代性统摄下的审美性以及无可改变的多元性。[2]

第二节　青少年价值观内容

任何一个时代，任何社会、任何一个人，都离不开价值观，也离不开价值观的指导，处在成长中的青少年更是如此。那么，青少

---

① 《媒介文化》，百度百科（http：//baike. baidu. com/link）。
② 鲍海波：《媒介文化的阐释与批判》，中国社会科学出版社 2009 年版，第 9 页。

年价值观包括哪些方面或者有哪些内容？可以说，青少年价值观的内容既丰富又多彩，简略说，有如下方面：第一，青少年人生价值观。主要指青少年从出生到青年时期的成长过程和经历作为人的看法和观点，它包括人之所以为人、怎样做人、人生的意义和观点等。第二，青少年生命价值观。主要指青少年对自己或他人的生命存在的意义和看法，它关系到青少年是珍惜生命还是抛弃生命、尊重生命还是践踏生命、热爱生命还是浪费生命等问题，它是自然生命与精神生命两者的结合体。第三，青少年道德价值观。简单地说，青少年道德价值观是青少年对道德的意义和价值的看法与观点，它包括青少年对道德判断、道德评价、道德标准的认知和把握。第四，青少年科学价值观。主要指青少年对科学的价值的看法、观念和主观判断。科学价值观是激发青少年热爱科学、崇尚科学、创造科学的动力和源泉。第五，青少年环境价值观。它是指青少年对自己赖以生存的地理、社会及一切关系的环境所形成的价值判断所形成的看法和观点。其中包括生态环境、消费环境、人口环境和资源环境。第六，青少年审美价值观。它是指青少年对人和事物的认识、理解与体验。审美价值观不仅仅停留于"外在美"，更重要的是达到"内在美"，是"外在美"与"内在美"的统一，是具体与抽象的有机统一。

青少年价值观的萌芽、发展和形成正经历着一个社会化的成长过程，家庭、社会、学校和社区的每个细胞、每个因素都在影响着青少年价值观的方方面面。在当今新媒体时代，新媒体突破了传统媒体的传播方式与方法，现代媒体通过网络、电视、手机等传播工具，以声音、图像、视频等吸引眼球的形式，夹杂着各种各样的文化、思想和观念，不断地改变着青少年的价值观。由于新媒体传播的即时性、兴趣性、互动性，娱乐性，导致青少年价值观的不稳定性、多变性和随机性，这使得青少年价值观的内容引导受到了挑战。"当代青少年是幸运的，他们一出生就遇上了市场经济，一长大就明白了全球化，一交流就用上了互联网。这些 20 世纪八九十年代下的'蛋'，身处于前辈人迥然不同的成长环境下，他们没有上几代人都经历的由于物资匮缺带来的生活之忧，没有严格的社会控制和各种清规戒律形成的那份凝重与单调；他们越过了改革开放初期开创的艰辛，身逢国家现代化伟业勃发中兴盛世，他们是中国第一代可无忧地享有物资昌明成果的人，有着一种身逢盛世的荣幸。"① 在新媒体背景下，富有青春活力的幸运青少年一代，他们在享受新媒体所带来的方便、快捷和乐趣的同时，他们的价值观内容也随即变化，在满足他们对新媒体需求的同时，也预示着对他们价值观引导的重要性、必要性和现实性。

第三节 媒介文化与青少年价值观

随着信息技术的迅猛发展，如今的时代成为一个开放、竞争、互动、并存的时代，电影、电视、网络文化等媒介文化的出现和发展带来了形式多样的影视文化产品，来自全球各地海量的生活、学习等信息以及平等互动的平台，这使青少年获得了更大的自主权和更多的选择权，价值取向也呈现出多元化状况。青少年在虚拟的世界中体验到不同的乐趣，接收到不同的知识，传递着内心的想法，成为时代的弄潮儿。但是由于青少年对新鲜事物的好奇与探究心理旺盛，容易沉湎于虚拟世界，加上青少年身心发育还未完全成熟，没有形成稳定的世界观、人生观和价值观，很容易受媒介文化影响。青少年的价值选择必然处在一个多元性与开放性的环境中，价值评价标准变得相对性与模糊性，价值认同将会出现危机。

一 "后喻文化"的形成——价值认同危机

在第二次世界大战、原子弹、移民潮、电子革命、计算机、人造卫星上天等诸多社会背景下，美国著名人类学家玛格丽特·米德在其著作《文化与承诺——一项有关代沟问题的研究》中提出了后

① 陈正良：《冲突与整合：德育环境的系统建构》，中国社会科学出版社 2005 年版，第 1 页。

喻文化理论。她从文化传递的角度，将人类由古至今的文化分为三种基本形式：前喻文化、并喻文化和后喻文化。在前喻文化中，晚辈主要向长辈学习，文化权威来自过去；在并喻文化中，学习发生在同辈群体之间，文化权威来自同辈楷模；在后喻文化中，长辈需要反过来向晚辈学习，晚辈获得文化权威。现如今除了没有爆发大规模战争外，其他特征都更加显著。最典型的例子就是当今高度发达的互联网的雏形——阿帕网正是在《文化与承诺——一项有关代沟问题的研究》出版的前一年（1969年）研制出来的。所以米德提出后喻文化理论四十余年后的今天，这一理论的生命力和解释力非但没有减弱，反而显著增强了。后喻文化是人们迈进信息社会后，面对日新月异的新技术、新信息所采取的信息化文化传递的方式的形象描述。文化传递会随着媒体形态的改变和功能的演进呈现出不同的时代特征，当今以计算机和互联网为代表的新媒体时代科技迅猛发展，以此技术为依托的媒介文化以其平等和共享等特征，使青少年摆脱了自上而下的单一的文化传递模式的束缚，利用互联网的优势，获得了比前辈更多的、更为先进的文化知识。在文化传递上呈现出更加显著的后喻文化特征。（1）长辈文化权威地位逐渐动摇。新媒体展现给青少年的是一个全新的世界，这一世界相对于外部世界而言，具有内容的新奇性与多变性、交往的匿名性与快捷性、空间的广阔性与虚拟性、过程的公开性与公平性等特征。青少年好奇心强，思维活跃，在这个虚拟世界中尽情驰骋，极大地拓宽了寻求信息和知识的途径、范围以及方式。以手机媒体为例，手机报纸、手机网络、手机电视等新媒体不仅可以满足青少年对信息、知识、娱乐快捷多元的需求，同时，手机技术本身带来的文化感受如手机短信、手机铃声等折射出时尚、流行的生活变迁和文化大众化的走向。这就使青少年在拥有知识的数量以及更新上丝毫不比父辈们逊色，所以在青少年眼里，长辈们已经不再是无所不知、无所不能了，青少年的权威崇拜由"长辈权威"向"网络权威"转移，例如电视、电影中的虚拟角色、网络游戏中的侠客、互联网上的黑客等，长辈们的文化权威地位逐渐动摇。（2）青少年"文化反哺"能力增强。媒介文化对青少年成长的影响是全方位的，具体表现在更多的DIY（自己动手）、反权威、世界观、效率观以及知识的多元化等方面。基于互联网的文化优势，如运行速度的快捷性、传播信息的同步性、人际交往的非权威性、知识传递的网络化等，以及青少年自身的年龄优势和富于探索创新精神，青少年直接通过互联网去获得各种各样的知识和信息，越来越多地获得了对年长一代进行"文化反哺"的话语权。在急速变迁的全球化时代，由晚辈帮助长辈适应时代发展变革的"反向社会化"现象频繁发生。（3）同辈群体①的影响更加深远。同辈群体影响个人成长发展的现象始终存在于各个时代，但在新媒体时代以前，这种影响范围十分有限。进入新媒体时代后，活跃在互联网上的全球年轻人都可以形成一个相互影响的同辈群体圈，符合年轻人心理需求特点的思想观念、话语体系得以迅速传播。现实中，层出不穷的网络用语让年轻人乐此不疲，却让许多长辈不知所云的现象早已屡见不鲜。究其原因，关键在于新媒体时代实现了"所有人对所有人的传播"，这种分众传播特性极大地延展了年轻人的同辈群体圈子。如若长辈不愿介入或是无力介入这个圈子，必然进一步降低对青少年的影响力。除了表明文化的传递机制以外，后喻文化也是现代媒介及其文化生存发展的传播语境。由这个传播语境——后喻文化的特征我们可以看到，媒介文化在满足青少年对文化信息、知识、娱乐等方面需求的同时也带来了一定的危害，平等、多元价值观的形成造成了青少年价值观的认同危机。表现在：（1）长辈文化权威地位的动摇，网络权威的提升，造成政治认同危机和民族认同危机。后喻文化语境下，媒介文化提供的平等、共享的平台和传递方式，让各种西方意识形态和文化方便快捷地进入青少年的视野中，大批的肥皂剧、被戏说的名著、工业化制作出来的动漫游戏和大量毫无艺术价值却炒出轰动效应的流行音乐、畅销书等娱乐化、低俗化的文化产品不断产生，将西方资本主义的

---

① ［美］玛格丽特·米德：《文化与承诺——一项有关代沟问题的研究》，周晓红、周怡译，河北人民出版社1987年版，第5页。

思想意识、价值观念、政治主张、文化传统以及生活方式广泛地传播到中国。在这些文化的冲击下，由于长辈权威的消解，又由于青少年认识水平有限、思想活跃、辨别能力不强而大量地接受西方的思想意识和价值观念，甚至有些青少年认为只有西方思潮才能解决中国现实存在的问题。这些就造成了青少年的政治认同危机和民族认同危机。(2) 青少年"文化反哺"能力增强，学校文化传递功能弱化造成道德价值观认同危机。随着信息化时代的到来，互联网丰富了青少年获得信息和知识的途径与方式，大众媒体提供了比学校具有更多选择可能的信息资源与文化类型，媒介文化展示了更快、更强、更灵活的传递能力与传递方式。青少年面对跟不上时代发展的教师的授课方式以及知识更新能力、落后的教学环境、死板的教学内容，会产生传统文化已经过时，时尚、流行文化才吸引人的思想。这样学校的文化传递功能就会弱化，会造成青少年传统道德价值观和科学价值观的认同危机。(3) 同辈群体影响加深，自我人生价值观危机。没有了父辈群体的约束和引导，同辈群体圈致使青少年不断追求新奇、刺激、时尚的文化，对电影、电视、音乐、游戏等有着极大的兴趣，在虚拟的世界中逐渐迷失自我，有些青少年受选秀节目的影响就想着一步成名，也有些同学对现实世界里的角色失去了兴趣，沉迷于网络，致使青少年产生自我人生价值观的危机，对社会主义荣辱观的不认同，产生功利主义和个人主义思想。

二　虚拟与现实文化的矛盾——价值选择迷失

现代信息技术的发展促使新的以电影文化、网络文化等为代表的媒介文化的产生，使人同时获得现实和虚拟两个世界。人的活动空间也获得了空前的扩大。但虚拟文化和现实文化之间天然存在着矛盾。这些矛盾导致了青少年在纷繁复杂的价值观面前不知如何进行正确的选择。

首先，虚拟文化产生各种个人主义、功利主义、享乐主义价值观，与现实文化要求的集体主义等主流文化价值观相矛盾，导致青少年价值选择的迷失。受网络文化和多元文化的冲击，青少年在虚拟的世界中清楚地感受到自我的存在，感到自己能够控制许多事物，而在现实世界中的确在很多方面受到约束和限制，从而造成虚拟和现实的分离，也造成了他们价值取向现实与虚拟的分离，道德判断力削弱。原来支持自身价值观念的社会本位价值失去了昔日的权威，个体开始对自身原有的价值观念产生怀疑，以至于在社会道德生活中呈现出双重或多元价值标准并存的局面；网络等媒介文化的交互性特征使青少年可以随心所欲地获取信息，打破了权威的限制，这就导致他们个体意识极度膨胀，个人主义价值取向凸显；媒介文化的内容多是来自于大众，人人都可以有博客，个人发布言论的自主性大大提高，出现了草根大众操纵的"自媒体"和个人控制的"独立媒体"，导致青少年过分追求个人的绝对自由，政治价值目标偏离了正确方向，出现价值观念自我化，人生理想庸俗化，行为取向呈现无政府化。以上种种现象表明，青少年在虚拟文化中，面对纷繁复杂的信息，在个性自由、主体解放的过程中迷失了自我，形成了多样化、复杂化、功利化和实用化的价值观，道德判断能力减弱，对现实文化中的主流价值观排斥，造成了价值选择迷失。

其次，虚拟文化的发展使西方意识形态和思想肆无忌惮地冲击着现实文化中的中国传统文化，使青少年的价值取向出现偏差，价值选择迷失。电视、网络文化的发展，促使了"地球村"的形成，青少年可以轻松随意地浏览全球资讯、影视，从而接触各种各样的价值观念、生活方式和社会思潮，其中不乏西方腐朽的价值观念和社会思潮等。西方国家想方设法通过媒介文化给中国青少年灌输其价值观念和社会思潮，如美国大片、日本动漫、韩国电视剧等文化产品。在这种虚拟和现实并存的具有极大选择空间的环境之中，新与旧、保守与开放、民族性与现代性交织在一起，当代的青少年在各种价值观的冲突中，由于自身的不成熟，很可能出现价值选择迷茫。

最后，虚拟文化中新奇和刺激的内容与现实文化中传统、死板的内容相矛盾，促使青少年价值选择的迷茫。在虚拟的空间中，青少年可以随心所欲地与素不相识的所谓网友闲聊，涉世不深的青少年极易受不健康话题的影响，引发心理和生理上的不良反应，也易受居心叵测之人的诱惑，从而网恋催生现实的"早恋"。而网游则充斥着谩骂、诈骗、杀戮，使得沉湎于其中的青少年不能从虚拟的世界里面走出来，有时可能混淆现实和虚拟。总之，在网络媒体开放、自由的天地里，各种新奇的想法、虚拟的对象都强烈地吸引着青少年接受来自各方的内容庞杂、良莠不齐的各类信息，必然造成青少年思想上的混乱和迷失，并在潜移默化中直接影响现实价值观念、行为方式，甚至把部分虚拟的价值取向转化为现实取向。

三 信息文化的多样性——价值评价模糊

价值评价是主体按照一定的标准，对客体的价值属性所作出的肯定或否定的判断。在价值评价中，主体感到客体及其属性对自己有用、有益就作出肯定性的价值判断；反之，就作出否定性的价值判断。由于主体不同，价值评价标准也千差万别。在西方社会，价值评价的主体是个人，只要符合个人利益的需要就是有价值的。而马克思主义价值观认为，社会主义价值的评价主体是人民大众，符合广大人民群众的根本利益，促进人的全面自由发展是社会主义价值评价的最高标准。[①] 那么，信息时代信息文化对于当今青少年的价值评价标准产生了哪些影响呢？

一方面，信息文化的开放性、平等性、共享性使得青少年的独立性和自主性增强，由于消除了传统权威的约束，导致其非理性参与网络互动，而各种敌对势力把互联网作为渗透、煽动和破坏的重要工具，借助影视作品、网站论坛、聊天室、虚拟社区、新闻跟帖等多种方式，散布资产阶级民主、自由化言论，传播淫秽色情、凶杀暴力等不良信息，同时组建"网络水军"，对他国进行造谣、诽谤、污蔑和歪曲，散布政治偏见和颠覆言论，混淆青少年的视听，助长青少年绝对自由主义和无政府主义等极端民主化倾向，如习惯

---

① 陈玲、王建基：《网络时代大学生马克思主义价值观教育探究》，《人民论坛》2012 年第 10 期。

性批评、习惯性质疑、习惯性反对政府的政策和思想，从而造成价值评价标准混乱。

另一方面，信息文化的内容虽丰富却良莠不齐，青少年在网络上频繁接触西方国家的宣传论调、文化思想等，于是各方面的观念大量充斥其间，暴力、金钱、色情、享乐主义、拜金主义等消极、颓废的内容也被大量渲染，其中不少是内容不健康、格调低下乃至黄色淫秽的东西。面对纷繁复杂的网络信息，青少年自身缺乏进行价值观选择的经验，缺乏媒体认知力，原有的价值评价标准在新信息的冲击下极容易发生扭曲、变形甚至错位。形式和内容瞬息万变的媒体文化使得青少年总是在不断选择，却常常迷失在内容各异甚至是相互矛盾的价值中，无法正确分辨是非，不知道什么是应该坚持的，什么又是应该摒弃的，到底什么才是真、善、美，评价的标准越来越模糊，选择越来越困难。

第三章　新媒体对青少年价值观
形成影响的调查

第一节　问卷的设计与实施

随着数字化技术的迅猛发展，人类社会步入了信息时代。以网络、手机、移动电视和数字电视为主要形态的新媒体，日渐替代了报纸、杂志、广播、电视四大传统意义上的媒体形态。在现代社会的新媒体环境下，文化具有新的发展形态。对于青少年群体而言，他们是新媒体的接受者和运用者，现代化媒介更贴近他们的生活，他们能够熟练地运用现代化媒介，也以积极的姿态参与其间，因此，既受媒介文化的浸润，也使媒介文化呈现出鲜明的时代色彩。在享受着"快餐文化"的同时，信息文化的多元和信息文化异化可能导致青少年文化认同的迷茫，存在有许多困惑和矛盾，在价值观方面表现出不同的现象和行为。在纷繁复杂的新媒体文化背景中，寻找新媒体对青少年价值观形成的影响，引导青少年树立正确的人生观、价值观，具有现实意义。

为了更好地了解青少年使用新媒体的情况，寻找青少年使用新媒体的方式方法，作者分别在上海、北京、成都、湖北、浙江和广东等地区进行调查，以无记名形式，对 10 所大中学校青少年进行取样（样本局限在大二、高二和初二）。发放问卷 2800 份，收回问卷 2600 份，有效问卷 2451 份，其中大学 483 份，高中 1232 份，初中 700 份。其主要调查内容是青少年接触和使用新媒体的情况、对新媒体的认识和态度以及新媒体对青少年的学习、生活、娱乐、行为方式等方面的影响，这些数据和内容采用了 SPSS 计算机数据处理。

第二节 青少年使用新媒体的状况

一 观念与态度：积极且明晰

青少年成长历程是一个社会化过程，处在身体成熟而心理不成熟阶段，心理因素的飘摇不定极容易受到外界各种文化的影响。但在此次调查中，我们可喜地发现，青少年对纷繁混杂的媒体信息的内容和渠道能够加以区分和选择，理性地、辩证地看待信息内容。在对"如果您在网上看到的新闻、消息或观点与主流官方媒体相违背，您更倾向于哪个来源？"的调查中，有 42.2% 的青少年选择对官方媒体和网络草根媒体两者权衡，而不是盲从于哪一个媒体，轻率地作出决定。

在"对于媒体中出现的暴力画面和场景，您有什么感觉？"的问题中，有 46.7% 的青少年对这类画面感觉不舒服，其中有 24.1% 的青少年很厌恶这种场面，22.6% 的青少年有时会感觉害怕，自觉回避。对于暴力画面有将近一半的青少年表现出了明显的恻隐之心和对暴力的反感。同时值得注意的是 10.4% 的青少年对这类画面觉得很刺激、很兴奋，24.7% 的青少年接触多了已经麻木，没什么感觉，对于这两类青少年我们要给予正确地引导，避免其走向极端，效仿或作出失范行为。

在对待虚假信息的问题上，大部分青少年能正确地对待，进行自我调适。如在"媒体中出现的一些虚假信息对您是否有影响？"的问题调查中显示，有 60% 以上的青少年可以进行自我调适，应对虚假信息带来的心理影响，其中 21.7% 的青少年觉得当时就有影响，过后就不在意；41.5% 的青少年认为有影响，在每次接触信息时都要时刻提醒自己不能轻易相信。

二 成长方式

1. 学习方式：获取知识来源

新媒体运用在青少年的教学和学习活动，逐步取代了传统的教

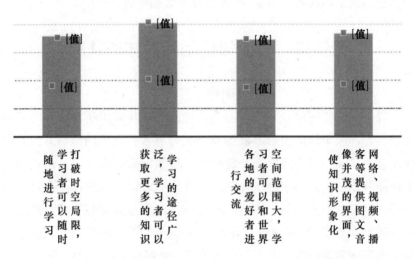

图 3 - 1　您认为新媒体在教学或者学习中的应用，会给学习者带来哪些益处？（多选题）

备注：样本量为2451。

学方式和学习模式，有74.1%的青少年认为，相对于传统的面对面教学和学习的方式，新媒体表现出了不可替代的优势，它打破了面对面教学的时空的限制，学习者可以随时随地进行学习。新媒体为青少年提供了个性化学习、远程教学、协同学习等多种学习渠道以及网络、视频、播客等提供图文音像并茂的界面，使知识形象化。83.8%的青少年认为新媒体提供的这些广泛的学习途径有利于学习者获取更多的知识。新媒体为青少年知识的学习提供了便利，有利于其学习各种知识，拓展知识面，构建合理的知识结构。虽然新媒体给学习者带来诸多益处，但我们也不能忽视它的不良影响，要警惕青少年对网络教学和学习方法的过度依赖，沉迷于网络之中，导致网络依赖，造成体力和精力的下降，在现实的学习过程中无法集中精神，求知欲丧失。

"您认为新媒体给您学习方面提供的帮助大吗？"调查显示：有92.4%的青少年认为新媒体给他们学习方面提供了帮助，如图3-2所示。其中有21.5%的青少年认为帮助非常大，已经是自学的主要

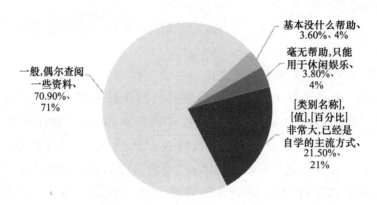

图 3 - 2　您认为新媒体给您学习方面提供的帮助大吗?

备注：样本量为2451。

方式；有70.9%的青少年认为帮助一般，只是偶尔查阅一些资料。
数据表明，90%以上的青少年虽然认识到新媒体在学习方面的作
用，但是大部分青少年对其认识不足、应用不到位，新媒体的作
用没有得到充分地发挥。"有问题，上百度"这句戏言，在现实生
活中真切地印证着。"青少年在学习过程中如遇到疑问，首先想到
的解决办法是什么?"在这个问题的调查中，如表3 - 1所示，有
超过一半的青少年运用搜索引擎来搜索答案。而"向老师请教"
和"图书馆查资料"仅占8.3%和3.1%。通过网络，青少年可以
快速地搜索到答案，但是在这个过程中，他们缺乏独立的

表3 - 1　青少年在学习过程中如遇到疑问，首先想到的解决办法是什么?

选项	数量/份	百分比/%
图书馆查资料	74	3.1
用搜索引擎搜索	1460	60.5
向老师请教	201	8.3
在 BBS 上发帖救助	43	1.8
和同学交流	637	26.4
总计	2415	1

思考、解决问题的能力。这种快餐式学习方法，必须引起我们的注意。

2. 交往方式：感性交往趋向

在"假如没有手机，您觉得您能长期保持联系的朋友还有多少？"问题的调查中，62.9%的青少年选择少部分；"您日常学习、工作、与人沟通交流一般是通过哪些方式？"问题的调查中，有86.5%的青少年选择短信、电话；"节假日时您会通过什么方式给亲朋好友送上祝福？"84.9%的青少年选择短信电话等。由此可见，以手机为主要媒介的非面对面交往方式成为青少年的主要交往形式。

新媒体下的交往方式是一把双刃剑，在带来便利的同时，也造成了不良的影响。表3-2中，我们可以发现，分别有77.5%和75.1%的青少年认识到新媒体背景下的人际交往导致了对身边亲朋好友的忽视和面对面交流的缺乏。同时，在对"利用网络通信工具交流时，您曾出现过以下哪些情况？"的调查中，我们也发现，76.6%的青少年敢于与平常不交流的人聊天，66.7%的青少年说出更多的真心话。在"您在网络等上面发表的观点是您自己的真实想法吗？"问题的调查中，56.8%的青少年回答大部分都是自己的真实想法。这三个问题为我们呈现出了一种怪象：多数青少年认识到新媒体条件下交往的虚拟化，也知道沉溺其中会造成现

表3-2　您认为新媒体在人际关系方面存在哪些问题？（多选题）

选项	数量/份	百分比/%
虚拟化，让一些人沉溺其中，而忽视关注身边亲朋好友	1873	77.5
冷漠化，用电脑手机等工具代替面对面交流	1814	75.1
公开化，把自己的一些私密东西暴露出来	1101	45.6
低俗化，增加了人们对色情毒品等危险物的接触概率	1154	47.8
浮躁化，人们对任何事情包括情感都开始走高速化	735	30.4

注：样本容量为2451。

实交往的冷漠化，却又通过网络通信工具，说出更多的心事。这种怪象产生的根源是什么？为什么青少年为了虚拟的交往而放弃现实的交往？为什么在虚拟交往中能够说出更多的心里话。这主要是由于新媒体为学生提供了一个开放的、平等的、隐匿的交流平台。新媒体的虚拟性可以使得使用者在网上自由地操作，摆脱现实社会中的种种束缚，使其负面的情绪得到宣泄，从而有利于身心健康。但也要注意，在缺乏道德与法律的约束下，人们极易放纵自己的行为，忘却责任，丧失道德，容易出现网上欺骗、盗窃、谩骂攻击等问题。辩证地认识新媒体、理性地应用新媒体技术将是一个长期的过程。

3. 生活方式：媒体依赖趋向

在对"新媒体对您的生活习惯有所改变吗?"问题的调查中，有85%的青少年认为新媒体改变了自己的生活习惯。具体体现在阅读方式、娱乐方式、倾诉方式等方面。阅读方式主要体现在电子书与纸质书的选择上。在对"电子书和传统阅读方式您更喜欢哪一种？为什么?"问题的调查中，39.8%的青少年更喜欢传统的阅读方式，印刷资料看起来舒服；27%的青少年更喜欢电子书，因为方便快捷且存储量大。虽然喜欢传统书籍的青少年所占比重较大，但喜欢电子书的青少年也很多。在"您玩电子游戏最主要使用的媒体是哪一个?"问题的调查中，居前两位的是电脑和手机，比例分别是63.5%和58.8%，娱乐方式从传统的电视、单体游戏机转变为可以多人一起玩的网游和更方便的随时可以玩的手机游戏。对于在学习和生活中遇到的烦恼和困惑，青少年的倾诉对象不是家人、老师和朋友，而延伸至网络，向陌生人倾诉或是转移注意力。调查数据显示，33.8%的青少年通过网络来排忧、解惑，其中有27%的青少年从不向任何人诉说，只是上网放松自己。调查显示，大部分青少年形成了对新媒体的类似病态依赖的生活习惯（见图 3 - 3）。

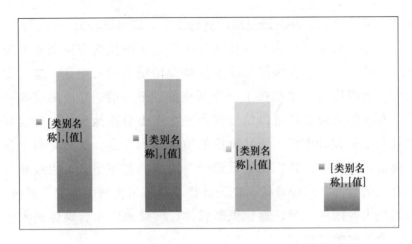

图3-3　您在使用手机的过程中，出现过下列情况吗？

三　社会化：虚拟社会化

在社会学意义上，社会化即人从"自然人"向"社会人"的转变过程。青少年在社会化进程中，学习社会文化与道德，内化社会规范，成长为有纪律、有道德的社会人，是我们的教育目标。新媒体在青少年社会化进程中同样发挥了作用。根据"您认为网络能让您更好更早地融入社会吗？"的调查显示：22.8%的青少年认为网络能让他们很好地融入社会，58.3%的青少年认为网络对他们融入社会有些帮助。网络对青少年社会化的积极功能主要体现在：网络为青少年创建了一个虚拟的平台，这一平台，打破了时空的限制，提供了平等的关系，让青少年可以和更多的不同地域、不同职业、不同人群的人交流。在"虚拟世界"的环境中，青少年可以扮演不同的社会角色，与他人沟通，这有助于把青少年引导成为能胜任多种社会角色的社会成员，在现实中成功实现角色扮演。

新媒体对青少年社会化进程的积极影响是有限度的，如果错估了新媒体的作用，会导致青少年对非面对面交流的依赖，影响到正常的人际交往。在对"您是否善于使用手机或QQ与人进行交流，而面对别人时无话可说？"问题的调查中，只有25.5%的青少年不受新媒体的影响，在面对别人的时候能够正常交往，而有70%以上的青少年或多或少地受到了影响。在长期的人机交流中，使他们在面对面交流中感觉不习惯，在面对现实的人的时候会产生紧张、不安等情绪，以致影响到正常交流（见图3-4）。

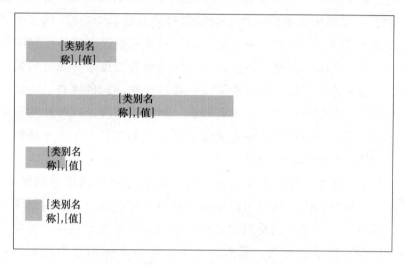

图3-4 您是否善于使用手机或 QQ 与人进行交流，而面对别人时无话可说？

第三节 新媒体对青少年价值观形成的影响与分析

一 新媒体对青少年价值观形成的影响

价值观是实践主体对自身及外界事物进行判断和评价的标准，它具有规范和导向的作用。正确的价值观可以规范青少年的行为，为其指明奋斗的方向。价值观的确立是基于认知和需求、行为以及对事物的态度三个主要的方面。相对于传统的家庭和学校教育，新媒体的出现，对正处在成长成才的青少年来说，是一个巨大的挑战。新媒体是一把双刃剑，它既能为青少年提供良好帮助，也容易误导价值观。因此，正确地利用新媒体，引导学生建立正确的价值观，是当今思政工作者面临的一项艰巨的任务。

1. 信息文化影响

在问卷中，有三个问题是针对青少年的认知和观念的调查："如果您在网上看到的新闻、消息或观点与主流官方媒体相违背，您更倾向于哪个来源？""对于媒体中出现的暴力画面和场景，您有什么感觉？""媒体中出现的一些虚假信息对您是否有影响？"这三个问题都是在考察青少年的一种态度，如何看待和处理新媒体传播的信息的态度，在面对多重、复杂信息情况的处理态度、对暴力场景的感受以及对待虚假信息的自我调适。通过这些问题的调查，我们可喜地发现，大部分青少年都具备辩证、理性的态度，以理性的价值观作为标准来判断和评估信息文化和所发生的事情，不至于感情用事、盲从或作出极端的行为。

首先，有小部分青少年在面对与主流官方媒体相违背的新闻、消息时，选择相信网络草根媒体或是海外媒体。这一部分青少年单一地倾向于某一媒体或是对主流媒体有偏见，易受到煽动，感情用事，作出不理性的行为。其次，对于媒体中出现的暴力画面，有24.7%的青少年对这类画面已经麻木，没什么感觉，这是一种潜在的危险，长此以往，会导致其内心对暴力的畏惧感削弱，很可能导致在现实行为中助长暴力或是实施暴力。最后，调查显示，媒体中出现的虚假信息会对11.8%的人造成很大的影响，致使其对周围环境的戒备心增强。这具有隐匿性的风险，导致青少年人际交往的疏远和对社会的不信任，影响其正常的交往。

2. 行为方式影响

（1）学习方式：传统的教学方式是以教师为中心的单向教学，在教学过程中教师与学生是双向互动的模式。新媒体打破了青少年学习的时空限制，使青少年的学习更为便利；新媒体拓展了青少年的知识面，可以帮助他们获取课外的任何知识。这有利于构建合理的知识结构。同时，新媒体也助长了青少年快餐式学习方式的形成，出现了"疏离经典"现象，他们在学习过程中遇到问题不再是向教师请教或是与同学讨论交流，而是习惯了在网络中搜索答案，享受一种即取即得的成果，独立思考的意愿弱化。这种学习方式使青少年失去了享受过程的乐趣和经过努力获得成功的那份成就感，失去耐性，更为浮躁、急功近利。

（2）交往方式：新媒体改变了传统的面对面的交往模式，逐渐被虚拟交往模式所取代。虚拟交流打破了时空的限制，使人们的交往空间和频率增加，但在虚拟空间里的交往时间越来越长，侵占了现实的人际交往。青少年忽视了与身边亲近的人的交往，与人的交往能力日渐弱化，使其更加依赖虚拟的交往，现实的人际关系变得冷漠化，丧失了初级群体的亲密关系，在遇到烦恼和困惑的时候，没有倾诉的对象，导致孤独感骤增。这种时空交往淡化了人的现实情感，青少年在社会化过程中，容易造成主观与客观、理想与现实的背离。

（3）生活方式：阅读方式、娱乐方式、生活习惯等的变化，无不彰显了当今学生对新媒体的依赖。这是一种近乎病态的依恋，新媒体不再是没有情感的机器，而是陪伴其玩耍的伙伴、倾诉的对象。青少年更习惯生活在虚拟的空间中，在那里他们可以找到自由、找到快乐、忘却烦恼，相对于现实的社会，他们更喜欢那个如理想国般的、不切实际的虚拟世界。

3. 社会化影响

校园虽被称为小社会，但是其与真正的社会还是有差异的。青少年生活在象牙塔中，他们通过手机、网络、电视等新媒体来了解外面的世界，以期为未来真正地融入社会做准备。新媒体帮助青少年了解社会中发生的事情和社会中不同职业、不同角色的活动状况，为他们就业和确立职业目标提供资源。但是，青少年学生还处在发展阶段，自制力比较薄弱，容易沉溺于网络。网络负面信息、虚拟世界的无规则状况、匿名特点等会造成青少年对现实规则和道德约束的反抗或不认同，影响其社会化，导致其放纵自我。

4. 影响的主要因素

长期遨游在新媒体的青少年，呈现出一种既理性又浮躁、既易感情用事又冷漠、既务实又不切实际、既反对权威又盲从的矛盾状态。这缘于新媒体的特征。

无序性特征既打造青少年的个性，也使青少年丧失自我。新媒体创造的虚拟世界与现实世界不同，没有完善的法律、规则和道德规范的制约。在虚拟世界中，青少年可以摆脱父母、教师以及社会的约束，不受现实烦恼的困扰，做任何自己想做的事，享受无原则的自由。虚拟世界于他们来说就是陶渊明笔下的世外桃源，是逃避现实一切不如意的、构建自己天地的一片沃土。这使其沉溺于网络，逐渐迷失了真实自我。

隐匿性既打破了青少年交往的时空局限，也使青少年价值认知和价值判断模糊。隐匿性指的是任何人可以以任何自己喜欢的身份或角色与他人进行交往，可以在不受约束的情况下表达自己的真实想法，做自己想做的事。虚拟世界的隐匿性使理想自我成为可能。在虚拟世界中，青少年进入理想自我的状态，不受外貌、身份、经济条件等外在因素的制约，形形色色的人群出现在网络上，各种各样的信息语言文化在网络中发生碰撞，必然使涉世未深的青少年思想混乱、迷茫，对事和物的发生失去价值判断，无标准的价值思想和行为在青少年日常现实生活中不断地表现出来。

平等性和开放性既引导了青少年价值观念，也极容易使青少年产生无厘头反叛思想和行为。新媒体的平等性和开放性打破了传统人际交往的等级、地位、经济等限制。新媒体的平等性和开放性是指人们不管什么地位都可以在一个平台上平等地利用所有资源、平等地获取所有信息、平等地享受所有权利、平等地交流思想。青少年在社会化过程中，极容易对"平等"的认知产生误差，从而演变为对一切权威的反抗，将其变为自己的对立面。虚拟世界的开放性，容易使学生接触到负面的观念和思想，混淆其判断，易产生失范行为。

二 新媒体对不同阶段青少年价值观形成影响的比较分析

本研究的调查对象为大学、高中、初中三个层次的青少年，我们把三个不同层次的青少年进行比较，进一步研究新媒体对不同阶段青少年以及对文化教育程度的不同青少年是否有差异。我们从以下四个方面进行比较分析。

1. 使用新媒体比较

如表3-3和表3-4所示，大学、高中、初中三个层次青少年在网龄和每天上网时间的比较中，可以发现，高中阶段的青少年占有较大的比例。在网龄的问题调查中，高中阶段在每个选项中都占有40%以上的比重，尤其是网龄超5年的占53.4%之多，每天的平均上网时间，高中阶段亦是占比最高，其中上网时间为4—6小时的高中阶段青少年占52.4%。按照网瘾的判断标准，上网时间超过4小时的即可确认为网瘾症状，高中阶段青少年的情况尤为引起关注。

表3-3　　　　　　　　学校类型＊您的网龄有多长？　　　　　　单位：%

学校类型选项	1—2 年	2—3 年	3—5 年	5 年以上
大学	9.30	19.20	16.90	26.40
高中	43.10	40.80	56.20	53.40
初中	47.60	40.00	26.80	20.20
总计	100.00	100.00	100.00	100.00

注：样本总量为2451，其中大学、高中、初中样本量分别为483、1232、700。

表3-4　　　　　　　学校类型＊您平均每天的上网时间是？　　　　单位：%

学校类型选项	基本不上网	1 小时以下	1—3 小时	4—6 小时
大学	3.20	7.50	27.60	30.20
高中	49.40	50.90	50.30	52.40
初中	47.40	41.60	22.10	17.50
总计	100.00	100.00	100.00	100.00

注：样本总量为2451，其中大学、高中、初中样本量分别为483、1232、700。

2. 认知情况比较

青少年对新媒体的认知情况，这里以"您所知道的新媒体交流平台有哪些？"和"网上交流与现实交流相比有哪些特点？"来进行初步的阐释。图3-5显示，除BBS平台的认知外，高中阶段青少年对飞信、微博、微信等认知明显高于大学阶段和初中阶段青少年。对网络交流的认识，以高中阶段青少年的比例最高（见图3-6）。

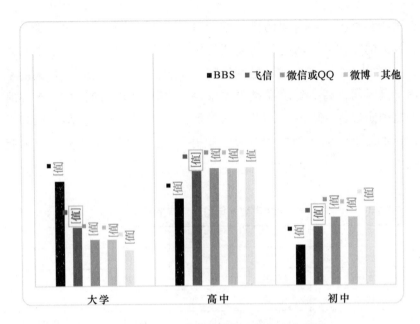

图 3 - 5　您所知道的新媒体交流平台有哪些?

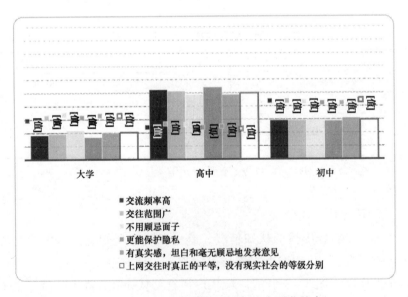

图 3 - 6　网上交流与现实交流相比有哪些特点?

每一阶段的青少年对于网络交流看重的要素并不相同，大学阶段的青少年更注重在网上交往不用顾及面子，占22%；高中阶段的青少年认为网上交流更能保护隐私，占54.5%；初中阶段的青少年更喜欢有真实感，坦白和毫无顾忌地发表意见，占29.7%。

3. 行为方面影响比较

新媒体对青少年的学习方式、交往方式、娱乐方式和生活方式都有很大的影响，他们利用新媒体，浏览新闻、查找学习材料、娱乐，学生生活的方方面面已与新媒体密不可分。新媒体是如何影响青少年行为的，不同程度的青少年受新媒体影响的程度是怎样的？本研究通过问卷，对"您认为数字电视和 IPTV 对您的学习和生活有哪些影响呢？"的问题调查来做初步的推测。在大学阶段，有24.5% 的青少年选择了"信息的杂乱让人分不清真伪"这一项，位居第一；在高中阶段，"足不出户了解天下最新的新闻、消费信息等"和"不同于传统电视，不受时间限制，随时了解自己想知道的信息"这两项不相上下，这一阶段的青少年认为其二者是影响最大的；初中阶段的调查中"浪费大量时间在娱乐节目上而影响学习"这一项位居第一。之所以出现上述情况，与青少年的学习情况和发展阶段的特征是不可分的。总体来看，在各个选项中，高中阶段青少年所占比重最大，即新媒体对高中阶段的青少年影响最大。详情请见表 3 - 5。

表 3 - 5 　　　学校类型 ＊ 您认为数字电视和 IPTV 对您的学习和生活有哪些影响呢？（多选题）　单位:%

选项 ＼ 学校类型	大学	高中	初中	总计
足不出户了解天下最新的新闻、消费信息等	18.6	51.9	29.5	100.0
浪费大量时间在娱乐节目上而影响学习	20.8	48.8	30.3	100.0

续表

选项 \ 学校类型	大学	高中	初中	总计
信息的杂乱让人分不清真伪	24.5	50.0	25.5	100.0
不同于传统电视，不受时间限制，随时了解自己想知道的信息	19.8	51.3	28.9	100.0

4. 态度差异

如表 3-6 所示，青少年在对待新媒体的态度上，三个层次的青少年，超过半数的学生都对新媒体持肯定的态度，认为新媒体的利大于弊，只要用之有道，就能促进学习，丰富生活，带给我们便利。同时，也有部分青少年认为"在现行教育制度下，没多大影响"以及"弊大于利，网络对我们的学习带来诸多不良影响，造成大家过分依赖和沉迷网络"，以高中阶段青少年为首，其次是初中阶段青少年，大学阶段青少年居后。这表明，初、高中青少年更容易沉迷于网络，这主要是由于初、高中阶段青少年的自我约束力与大学阶段青少年比较起来相对薄弱。

表 3-6　　　　学校类型 * 您认为数字电视和 IPTV 对您的学习和生活有哪些影响呢？　　　　单位:%

选项	在现行教育体制下，没多大影响	利大于弊，只要用之有道，就能促进我们的学习，丰富我们的生活，带给我们便利	弊大于利，网络对我们的学习带来诸多不良影响，造成大家过分依赖和沉迷网络	跟我们的学习几乎没关系	总计
大学	14.3	74.9	10.1	0.6	100.0
高中	17.9	64.0	15.1	3.1	100.0
初中	17.1	65.4	12.3	5.1	100.0

通过三个不同阶段、不同层次青少年的比较分析得出，高中阶

段青少年是值得引起我们注意的阶段，这一阶段的青少年与网络接触的时间长，大部分青少年具有潜在的网瘾危机。主要原因是：第一，在认知上，高中阶段的青少年更注重隐私问题，新媒体的匿名性使其隐私得到保护，这对高中阶段的青少年来说有着强烈的吸引力。第二，在行为上，这一阶段的青少年把大量的精力放在玩游戏、聊QQ等娱乐上，无形中增强了新媒体对其的吸引力，容易沉迷其中。第三，在态度上，高中阶段的青少年总体上来说使用新媒体频率高，对待新媒体的态度是积极的，而且对新媒体娱乐功能极度开发并使用，使得一部分青少年耽误了学习，产生了不良影响。因此，我们应该注重高中阶段的青少年，帮助其树立正确的价值观，引导他们合理使用新媒体，避免其沉迷其中，影响正常的学习和生活。

第四节　结论及建议

第一，构建网络沟通平台。

根据马克思主义人的需要理论，青少年在社会化过程中有各种各样的需要，他们需要拥有更多自由表达和交流的途径和机会。微博、飞信、微信、QQ等交互性功能较强的新媒体运用在青少年群体中盛行，新媒体满足了青少年的个性化需求，因此，学校应利用新媒体作为网络平台，开设教师博客、辅导员博客、微信、QQ、MSN等，使青少年借助这些平台随时随地地表达自己的看法和态度，让他们的思想火花在新媒体网络中相互碰撞和交流，而教师在平台中是一个咨询者角色，解答和满足青少年在生活、学习、思想、心理和情感等方面的问题和需要，达到思想上端正，行为上矫正，心理上疏通，情感上引导。

第二，构建思想政治教育网络平台。

新媒体为青少年思想政治教育提供了广阔的平台，其虚拟性和匿名性也为传统思想政治教育的实施提供全新的视角。搭建校园网络新闻立体平台，做好典型宣传，热点透视和舆论引导。首先，关注校园热点，挖掘校园新闻，宣传青少年身边的好人好事，进行榜样教育；其次，收集青少年关心的事和物，在网络平台上开展讨论，明辨是非，独立地、辩证地看待和处理问题，让他们自己得出正确的判断，做自己的主人，引导独立的人格；再次，根据国内外形势的变化与发展和青少年关心的热点焦点事情，把国内外的背景资料、新闻分析等按主题分类及时地在平台呈现，使他们了解世界的变化和发展；最后，加强平台网站文化建设，凸显主流文化，增强主流文化吸引力和感召力，使思想政治教育新媒体平台成为满足青少年需要的主渠道和主窗口。

第三，建立反馈机制，关注青少年思想走向。

由于新媒体"无屏障性"负面影响的存在，加大了青少年思想政治教育舆论导向的难度，削弱了传统思想政治教育的导向功能和效果。反馈机制的建立，它不但能使思想政治教育者时刻关注学生的思想走向，及时发现问题并予以引导；而且可以收集和整合青少年对一些敏感时事话题的看法和意见，针对错误言论积极开展舆论引导，引导青少年朝着预期的方向发展。这确保了教育者和受教育者在沟通与交流中建立一种良性的双向互动循环关系，从而提高思想政治教育的有效性。

第四，引导和规范青少年使用新媒体。

新媒体是一把双刃剑，我们要利用和发挥新媒体的正能量，引导和抵制负能量。首先，家长和学校不应限制学生上网，要给青少年提供便利的上网条件，规范其上网时间，科学地引导青少年使用新媒体。其次，学校要向青少年宣传相关的法律制度以及使用网络的规范，使青少年在思想意识上树立文明上网、文明用网的意识。

第五，加强高中阶段青少年的引导教育。

高中阶段是学业最为繁重的阶段，客观的现实问题是无论是学校或者教师、家长，为了升学率，都把注意力集中在学业上，而忽视了青少年其他方面的需求，而新媒体恰恰弥补了青少年娱乐、情感等方面的需求，容易导致其沉溺于网络。因此，学校一方面开展丰富多彩的、喜闻乐见的第二课堂活动，满足青少年身心需要；另一方面要鼓励和倡导社会实践，让青少年走进社会、接触社会、了解社会，在社会实践中锻炼和提升自己，提高青少年的价值判断能力和自制能力，不断端正自己的价值观。

第四章　新媒体背景下青少年现代依赖关系表现

新媒体对青少年价值观的影响是广泛和深刻的。那么，它是通过什么影响呢？从形式上来说，随着网络、手机和影视等新媒体的广泛应用和普及，工具化的新媒体受到青少年的青睐，他们不仅善于捕捉更新换代的媒体工具（电脑、手机和电视机等），而且媒体工具成了他们离不开的工具、成了他们每时每刻生活的重要部分。从内容上来说，丰富多彩的新媒体快餐文化、碎片化的文化给青少年感官享受的同时，也逐渐成为他们日常生活中的依赖文化，这种过度依赖关系必然会产生一些负面的影响。

第一节　对网络文化的依赖

一　对网络过度依赖的表现

据青少年研究网调查显示，2010 年青少年电脑上网的比例已经高达80％，可见青少年已经成为中国网民的重要组成部分。据中国互联网络信息中心发布的《中国青少年上网行为调查报告》显示，目前，中国青少年网民规模超 2 亿人，占网民总体的一半，近年来，青少年网瘾人数仍在攀升。网瘾的全称是网络成瘾，是指个体过度使用网络所导致的一种精神行为障碍，表现为对网络的反复使用产生强烈的欲望，停止或减少使用时出现戒瘾反应，同时可伴有精神和躯体症状。今天，青少年网瘾现象主要为两大类：电脑网瘾和手机网瘾。随着信息技术的飞速发展，便携式智能手机的普及，手机上网方式越来越受到青少年网民的追捧。据第 26 次《中国互联网络发展状况统计报告》显示，其中，青少年手机网民达到 1.7 亿人，占整体手机网民的 56.1%，是我国手机上网用户最主要的群体。① 2015 年 7 月，CNNIC 发布第 36 次《中国互联网络发展状况统计报告》称，截至 2015 年 6 月，中国网民以 10—39 岁年龄段为主要群体，比例达到 78.4%。其中，20—29 岁年龄段网民的比例为 31.4%，在整体网民中的占比最大。20 岁以下网民规模占比 25.6%，与 2014 年年底相比增长 1.1 个百分点。换言之，"95 后"占据了中国网民总数的 1/4。作为中国最大的在线社交网络平台，QQ 空间聚集的年轻人最多——3 亿多名 25 岁以下 20 岁及以上的活跃用户、近 2 亿名 20 岁以下的活跃用户。② 可见，一种新型的青少年网瘾表现形式——手机网瘾越来越凸显。概括起来，青少年网瘾现象主要存在以下几种类型，网络娱乐成瘾、网络购物成瘾、网络交往成瘾等，其中，男生的网络行为以玩游戏为主，而女生上网的主要目的则是网络交友聊天及网络购物。

　　首先，对网络娱乐的依赖大致可分为对网络游戏的依赖以及对网络电视的过度追捧。大量调查报告显示，对网络游戏的依赖，男生多于女生，且呈现随年龄递增的态势，并且与学校的类型密切相关，据统计非重点高中网络游戏上瘾学生要多于重点高中，重点班级的网络游戏上瘾学生要多于非重点班级，另外，家中有电脑者（6.7%）网络成瘾发生率高于无电脑者（2.7%）。而对网络电视的依赖女生明显高于男生，追韩剧、看美剧、刷真人秀，根据中国央视索福瑞媒介研究公司的一组数据显示，我国 4—18 岁的青少年每天平均接触网络电视时间长达 2 小时 22 分钟，他们大部分的课余时间不再是参加课外活动、运动、旅游，而是通过网络观看网络电视。随着智能手机、平板电脑等电子设备的急速发展，进一步助长了青少年网络娱乐成瘾的趋势，总而言之，我国青少年网络游戏成瘾现

---

　　① 中国互联网络信息中心（http：//www. cnnic. net. cn/）。
　　② 黄金萍、郭悦：《十年过去，QQ 空间为何还有 6.53 亿人》，《南方周末》2015 年 12 月 3 日。

象日益严重。

其次，新媒体对青少年购物方式的影响也是十分深远的。网上购物正在逐渐成为我们生活中购物的重要方式，足不出户，便可买进天下好货，琳琅满目的商品充斥着整个屏幕，天猫"双十一"网上购物节的流行，刺激着大众的购物欲望，再加上网上支付方式的愈发便捷，愈发虚拟，无形中让商品拜物教进一步"横行霸道"。而作为人生观、世界观都尚在成长中的青少年，没有合理的金钱观，更容易受此风潮的影响。张耀珍等于 2011 年对南京市青少年网络消费状况的调查显示，在青少年的网络消费支出中，53.1%用于购买实物，用于娱乐的占 11.6%，用于虚拟产品及游戏充值的占24.9%。[①] 网络消费已经渗透在青少年的消费生活中成为他们消费的重要形式。

最后，以网络为代表的新媒体交往，打破了时空、地域、身份、角色、规范的限制，以其方便快捷性、平等性、开放性吸引着青少年。青少年网络交往成瘾指的就是青少年过度依赖微信、QQ、微博、E-mail 等新型媒体软件与彼此进行交流，以至于大量减少、甚至抛弃传统的书信、固定电话等联系方式。根据调查显示，高达83.8%的青少年运用微信、QQ 等新媒体进行交往，扩展交往范围，结识更多志同道合的朋友；此外，青少年还通过写微博、BBS 上发帖等方式表达自己在现实中的观点、意见，缓解了现实交往中的压力，还可以和知名学者或名人微博、邮件互动，解答自己的学习和生活中的疑惑，交流观点丰富自己的生活阅历。

二 对网络过度依赖的消极影响

对网络的依赖使得青少年的生理、心理健康和学习、日常交往，以及对家庭和社会均造成了极大的危害。

首先，在身体上，青少年正处于长身体的阶段，长期对着电子

---

① 张耀珍、黄卫东：《当前青少年虚拟商品消费的现状问题与对策》，《中国青年研究》2011 年第 12 期。

屏幕，不仅易形成近视眼、颈椎病，更对青少年的免疫系统、循环系统造成极大的伤害。据确切的医学研究表明，淋巴癌、心脏病都与电脑、手机的辐射有关，是影响青少年身体健康发展的重大障碍。

　　其次，网络成瘾也许对青少年身体的危害需要长时间的观察才能显现，但是它对青少年心理认知以及学习的消极影响却是立竿见影的。长期沉溺于网络游戏中不能自拔，这是青少年，特别是男生在这个年龄段最易产生的"网瘾"现象，也是自计算机飞入寻常百姓家之后，青少年网瘾现象最重要的原因之一，而终日沉浸在网络电视的剧情中，随剧情的发展悲伤、高兴，脱离现实的情绪，对青春期的女生来说，更是普遍而又危险的现象。在虚拟的世界中，对青少年最大的吸引就是可以扮演各种各样的角色，实现自己的英雄梦，逃避现实的压力，长此以往的结果就是青少年沉浸在自己的世界里不愿自拔，一旦回到现实就感到无尽的空虚、寂寞，终日恍惚、无精打采、再也不愿学习，学习成绩直线下降。某大学，刚上大一的一批学生在期末测试中全部不及格，原因就是上大学后每天窝在宿舍打游戏、看电视，逃课、不按时完成学习任务，结果通通被劝退。据统计，我国每年因网瘾而中途退学的青少年达到了20%的高比例。更有甚者，因为过度沉溺于网络，而最终走向终结生命的结局。除此之外，随着网购的盛行，导致青少年中部分女生的金钱观发生了扭曲，本身就没有物质压力的她们，受到网络电视、电影、广告的影响，看到自己崇拜的偶像代言的商品，对她们而言，有没有用不是重点，重点是穿的是什么牌子。一时间攀比心理、从众心理、拜金主义盛行，她们不知赚钱之辛苦，却每次花钱如流水，当年不谙世事的青春少年，沦为满身铜臭的世俗；当年一心积极向上的有志青年，变为不惜金钱抛头颅洒热血的"勇士"。

　　最后，新媒体网络的超时空性、虚拟性、平等性和开放性虽然扩大了青少年的交往范围、提高了交往的效率，但是它却造成了一些负面的影响。由于网络交往的超时空性，所以减少了面对面的交流，虽然节省了时间、精力，但是却造成了人际交往的冷漠，根据使用手机的调查显示，高达70.9%的青年学生在没有了手机以后只能和小部分朋友保持长期联系。实际上，过分依赖于网络交往，不仅缩小了自己的亲密圈，更使自己丧失了与人进行面对面交流的能力，而这对于正处于发展和锻炼自己交际能力、应与自己朋友建立纯洁友情的青少年而言，是十分不利的。除此之外，新媒体网络所提供的虚拟交友平台，所带来的平等开放性，也给青少年的交往带来危险。调查显示：利用网络通信工具交流时，有 71.9% 的青年学生敢于与平常不交流的人聊天；59.8% 的青年学生会说出更多的真心话；26.6% 的青年学生比平时说更多的粗话；8.5% 的青年学生存心造谣污蔑；7.3% 的青年学生存心欺骗。这些现象也会导致青年学生在新媒体隐匿的情境下，自控力瓦解，道德约束力下降，再加上网络交往环境的无门槛性，使得网络交往鱼龙混杂，你不知道与你交流的是什么人。青少年的人格心理发育尚未健全，认知水平都还不成熟透彻，这就给了不法分子以可乘之机，也给青少年接受不健康的杂乱信息提供了便利。

第二节　对手机文化的依赖

智能手机的迅速发展，手机已经成为集社交、网上获取信息、支付、娱乐于一身的电子工具。2013 年《中国青年报》调查显示，有 51.5% 的人表示自己会时不时地拿起手机查看，有 34.4% 的人表示如果没带手机自己会异常烦躁。如今的"低头族"愈发泛滥，在自习室、在商场、在排队、在等车，无处不见不由自主低头玩手机的青少年，这样的现象无异于吸食鸦片，上瘾——这是一种心理过度依赖症。在一个针对 1106 名中小学生的抽样调查中，我们发现在对手机有过分依赖的青少年当中，68.2% 具有不自觉的习惯，每隔一段时间就会查看自己的手机是否有新的短信、微信、QQ 等提示；37.7% 的青少年甚至可以连续 4 个小时玩手机游戏、看视频、购物；40.3% 的青少年对手机产生行为依赖，如遇到问题会不假思索地用手机上网找答案；18.1% 的青少年容易产生幻觉，经常误把别人的电话铃声幻听成是自己的电话响。屠斌斌、章俊龙等将手机成瘾定义为由重复地使用手机所导致的一种慢性或周期性的着迷状态，并产生强烈的、持续的需求感和依赖感的心理和行为，包括手机关系成瘾、手机娱乐成瘾、手机信息搜集成瘾三种类型。① 根据不同学者的划分标准，本书将青少年对手机的过分依赖划分为对手机网络的依赖、手机信息储存的依赖、手机品牌标榜自我的依赖。

一　对手机过分依赖的表现

首先，手机网络，顾名思义是网络技术与手机移动通信的结合。手机上网已经成为现在手机所具有的普遍功能，同时这也是现代智能手机与之前手机相比，所实现的最大飞跃，更重要的是这是当今手机最吸引人的特色。可以说只要是计算机所具有的一切功能，智能手机一应具备，随着手机屏幕的不断增大，智能手机已经可以与计算机并驾齐驱，再加上智能手机的可移动性、便于携带，实用方便的特色，使得人们更加依赖于智能手机。所以，与其说是人们离不开手机，不如说是人们更加依赖于手机网络。根据第33次《中国互联网络发展状况统计报告》，截至2013年12月，我国手机网民规模达4亿，网民中使用手机上网的人群占比达81%，② 其中，青少年是庞大而特殊的群体。在林岳新教授的《新媒体条件下青年学生的思想现状及其引导》一文中，有个案分析提到，初、高中生大多数用手机进行上网，而本科生、研究生大多使用计算机网络。

由此可见，青少年对手机网络的依赖程度较高，这进一步加大了青少年对网络的依赖程度，笔者在上文中已经提到了青少年对网络的依赖分为对网络娱乐、购物以及交往的依赖，由于手机网络是新媒体网络的一部分，所以青少年对手机网络的依赖，也可分为对手机网络娱乐、购物和交往的过分依赖，同时由于青少年学生以学习为主，所以随着近几年他们拥有智能手机的数量增多，对于用手

---

① 屠斌斌、章俊龙、姜伊素：《大学生手机成瘾倾向问卷的初步编制》，《和田师范专科学校学报》2010年第4期。
② 莫梅锋、王旖旎、王浩：《青少年手机沉迷问题与对策研究》，《传媒教育》2014年第5期。

机网络查找资料、信息的依赖也成为一大依赖特色。在生活方面，无论是用网络娱乐，在网上购物还是通过网络交往，都因为智能手机的出现而成为青少年生活中最不可缺少的元素，他们可以在路上看视频、打游戏；他们还可以坐在家里买来自世界各地的商品，甚至他们出去逛街都不用带钱包，只需要带上手机，便可实现电子支付，这进一步实现了手不离机的至高境界；他们可以在被窝里刷朋友圈与朋友交往，青少年渴望得到来自亲人、朋友以及同学的关注，希望得到社会的认可，而青少年可以通过低成本、快速便捷的电子设备来建立、维护、加强他们的社交网络。在学习方面，新媒体的出现无疑为青少年的学习提供了极大的便利，虽然青少年仍然以课堂书本为获取知识最主要的渠道，但是随着新媒体技术的发展和学校办学条件的改善，互联网、多媒体技术、电子书籍已成为青少年获取知识的又一条重要途径。特别是网络手机更加方便了青少年在遇到学习问题时，随时随地地搜索答案，在谷歌或百度中输入关键词，大量相关信息便会涌现而出，经过筛选获取自己最终想要的答案；同时，互联网还会提供一些有助于学生获得更满意专业课程的答案，如百度文库、豆丁网、作业帮帮网等，正如某搜索引擎的广告所说的："有问题，百度一下。"

其次，是对手机信息储存的过分依赖，不知从什么时候开始，手机已经代替了我们的笔记本、日记本、记录本，我们不再选择用笔记录重要的信息，在纸上书写我们的感受，而是选择了更加便利、更加快捷的手机，所以手机在日常生活中除了通话与人进行交流、上网等功能，又多了一项重要的功能——储存信息。作为商人，手机里可能储蓄着重要的商业机密；作为政客，手机里似乎隐藏着不为人知的"灰色"秘密；作为普通人，手机里可能静静躺着我们的银行账号、密码、淘宝支付密码；作为青少年学生，手机最有可能成为他们的心灵日记，记录他们成长的烦恼、暗恋的对象、讨厌的老师，等等。无论你是谁，你在哪里，一旦手机离身，你就会焦躁不安、心神不定，你害怕自己的重要信息被坏人窃取，你担心自己的小秘密被不愿告诉的人得知。尤其是青少年，处于成长中的他们个人隐私意识尤为强烈，手机里不仅记录了他们学习上的重要知识点，更记录了他们生活中的烦恼，这些都可以被他们锁在手机里，设置成自己专有的密码。有调查显示，84.4%的青少年表示是被手机的方便特性所吸引，约26%的青少年表示手机的隐私特性也有很大的吸引力，所以他们对手机信息储存的依赖显得格外突出。

最后，对手机品牌标榜自我的依赖。手机已经成为当今大众的必需品与装饰品，说它是必需品，是因为日常生活中我们已经离不开它的存在；说它是装饰品，则是因为它还是身份地位的象征。拥有和使用手机是现代青少年彰显个性、追求时尚的一种体现，中学生卖肾买苹果手机；逼迫收入微薄的父亲给自己买价值8000多元最新款的苹果手机；为跟上手机的更新换代而不时地更换手机……这种现象在当今中学生里屡见不鲜，其原因在于手机已经不再单单作为娱乐、学习、交往的工具，由于手机目前在中国是具有一定的社交意义的产品，其产品形象被青少年用来作为表达自我的一种工具，是炫耀的资本。国内的一些研究结果显示，大学生对于手机品牌意识非常强烈，大学生的手机品牌多达十多种，国际品牌包括苹果、三星、摩托罗拉等，国内品牌则包括华为、OPPO、小米、HTC等，其中大部分同学表示只要家庭经济允许他们更倾向于选择苹果手机，可见青少年对于国际手机品牌的偏好无形中反映出他们对名声大、价格不菲、时尚的手机的接受与认可。国外研究者发现，通过各种时尚的附件，手机还具有装饰和个人展示的功能，因此用户可以通过手机展示个人印象和个人风格。[①] 因此手机商家利用手机表达自我的功能，通过新奇、百变、年轻、时尚的文化理念，将张扬个性的元素加入到手机产品的宣传之中，在其大肆渲染下，处于青春年少和感情充沛的富于朝气、充满幻想阶段的青少年往往成为依赖手机表达自我的最大群体。

---

① 鲍海波等：《象牙塔里看媒介——西安大学生媒介素养现状调查报告》，《新闻记者》2004年第5期。

二 对手机过分依赖的消极影响

首先,青少年对手机网络的依赖与对网络的过分依赖所产生的消极影响,有着异曲同工之处,但更有自己突出的负面意义。在生理方面,手机网络的过分使用,会造成青少年颈椎病、关节炎,随着对荧光屏时间的增长,各种视力问题也在不断地危害着他们;在心理认知方面,给青少年的计划实现性、强迫性带来了极大的挑战。对减少手机的计划实现性指青少年使用手机的时间总是不同程度地超过自己的计划,想办法减少玩手机的时间却达不到要求,即使这一次实现了,下一次必会回到原来的状态,即使今天实现了,明天也一定会再犯,对手机网络的过分依赖所引起的计划实现性困难症必然会对青少年做其他事情造成同样的不良后果;在青少年的心里,他们深知过度玩手机会浪费自己宝贵的时间经历,影响自己的学业,但是每当他们想要静下心来认真学习或者从事其他事情的时候,总是忍耐不住自己内心想要拿起手机查看、娱乐、交际的欲望,而且随着拥有手机时间的增加,这种想再次使用手机的强迫性会大大增强,并且越是克制自己,就越容易出现焦虑、紧张的情绪,更严重的可能引发各种心理疾病。

其次,青少年对手机信息储存的过分依赖,不仅在客观上会造成大量隐私被泄露,给青少年的生命、财产安全造成威胁;而且在主观方面,处于青春期的他们,私人空间感十分强烈,不管是藏着大量秘密的手机有意还是无意地被人窃取,一旦他们意识到私人空间被窥探,就会给他们的心理造成极大的阴影,羞辱感、自卑感油然而生,他们有可能变得更加沉默寡言,不愿与外界交流,封闭自己;也有可能触发他们的叛逆机制,报复父母、仇恨学校、敌视整个社会,其后果是十分严重的。

最后,通过手机来表达自我的行为,在理论上符合马斯洛需求理论里最高的自我实现的需求,但是经过深入研究,我们可以发现青少年可以通过手机的功能使自己的价值观得到老师、父母朋友乃至社会的认可,通过手机网络提供的相对自主的空间,基于这个平台，他们可以休闲放松、释放压力、畅所欲言、展示自己，这才是通过手机表达自我的正常行为，而通过对手机品牌的追求来标榜自我，展示自己的品位、时尚、个性，这其实是一种满足自己虚荣心的深刻表现。对于正处于形成自己价值观阶段的青少年而言，这种行为会造成他们价值观的扭曲，适当的虚荣心可以激发他们积极向上的斗志，但是随着整个社会氛围对手机品牌意识的渲染，势必形成青少年过度追求身份、地位、金钱的拜金主义、享乐主义思想，从而造成错误的价值观。

第三节　对影视文化的依赖

电视节目是指电视台通过载有声音、图像的信号传播作品的节目。随着新媒体时代的到来，电视节目更加多样化，为广大观众提供了更多的选择空间，例如新媒体之前电视节目大多是单调的新闻节目、主旋律突出的电视剧，以及寥寥可数的模仿外国的娱乐节目，而新媒体的出现让我们看到了更多不同类型、满足大众不同口味的节目，各式各样的新闻类节目，不同题材的电视电影，越来越新颖、越来越吸引青少年的世界各地的真人秀、访谈、音乐、舞蹈、生活、晚会、汽车、旅游、游戏、时尚、美食、脱口秀等多个领域娱乐节目；电视节目的播出更加地超地域性、超时空性。新媒体出现以前，电视是电视节目的唯一收视媒体，但播出时间的固定，使得忙于课业的青少年无法保证每次都能按时观看电视节目，而网络的出现改变了这一状况，让青少年可以随时随地地观看自己喜欢的因为时间问题而没能及时观看的节目。例如，原本只能在每周五晚上22：00播出的《奔跑吧，兄弟!》，每周二、周四播出的《琅琊榜》，被上传至网络以后，可以在路上、课间等不受父母、老师约束的时间轻松地观看，这无疑极大地加重了青少年对电视节目的依赖性。通过对当今最受热捧的电视节目的分析，我们发现在青少年中对电视节目的依赖主要可分为：对影视剧的依赖和对娱乐真人秀节目的过分依赖。

一　对电视节目过度依赖的表现

首先，对影视剧的过分依赖主要表现在对当今最热门的韩剧和美剧的追捧上。在韩剧方面，自中韩建交第二年，中国就开始引入第一部韩剧《嫉妒》，紧接着《人鱼小姐》《澡堂家的男人们》等韩剧引起了轰动，进入21世纪，《蓝色生死恋》《浪漫满屋》《大长今》《来自星星的你》等韩剧伴随着一批又一批青少年的成长。据统计2014年《来自星星的你》在网上播出时，点击率达到了30亿次，其中青少年占了2/3的比率。对于美剧，则要晚于"韩流"的出现，但其势头正猛，更有超越韩剧之势。相关调查数据显示，在中国就网上美剧相关论坛的注册人数而言，截至2009年8月，"悠悠鸟"欧美剧论坛的注册人数已达4万多人。这些美剧迷对应小众群体，却能符合不同类人群的口味，观看美剧的人数量开始迅速增长，据不完全统计，在北上广等大城市，青少年美剧迷超过百万。美剧由于它的定位精准、按季播出随时满足观众需求、高品质的制作、幽默风趣、刺激的场面以及巨大的文化差异吸引着广大中国人的追捧，同时作为青少年，学习英语，了解美国文化、追求悬念迭起、惊险刺激、幽默风趣、个性鲜明的新鲜事物，更成为他们依赖美剧的重要原因。

其次，电视娱乐节目指的就是通过电视、网络这一特定的传播媒体传播的，大众广泛参与的，以审美性、娱乐性、观赏性和趣味性为突出特点的电视节目，它自20世纪90年代起日益成为中国大陆地区电视节目的主要形式之一，发展到今天，经历了晚会时期、娱乐时期、竞猜时期、真人秀时期四个时期。如今真人秀节目可谓是百花齐放，《爸爸去哪儿》《中国好声音》《奔跑吧，兄弟》《非诚勿扰》等真人秀节目成为青少年耳熟能详的话题，它们以其丰富的节目内容、变化的节目形式、愉悦的收视心理、高度的参与性等获得了广大青少年的追捧，它们不仅满足了青少年对新鲜事物的好奇，更满足了他们对自己所崇拜偶像的狂热追捧。《中国电视娱乐节目报告》指出，电视娱乐节目的观众从年龄特征上来看"呈现'两头小，中间大'特点，14 岁以下观众和 55 岁以上老年观众比例较小，分别只有 9% 和 19% 的比例，15—34 岁观众和 35—54 岁观众是娱乐节目主力观众，比例相当，分别约占 36% 和 35%。"①

二　对电视节目过度依赖的消极意义

首先，部分青少年过度迷恋韩剧的重要原因是大多韩剧脱离现实、虚幻性强、挑战权威、内容情节简单，而这正好符合青春期情感丰富、思想单纯、特立独行、追求自我的特点。但是韩剧的剧情大多是男主角是含着金汤匙出生的贵公子，穿着华丽的服装，住在富丽堂皇的家里，不费吹灰之力就可以继承家里成百上亿的资产，女主角不管多穷、多丑都会被男主角发现并爱上，然后过着富有、幸福的生活。而这与青少年所处的现实情况往往大相径庭，所以一旦青少年过度依赖韩剧来进行娱乐、释放压力、学习文化的话，很容易造成思考的肤浅化、理想主义、抱怨现实、逃避现实，势必影响他们的学习成绩和生活习惯；在价值观方面，受韩剧的影响，认知不够成熟的他们容易形成拜金主义、享乐主义，不愿在现实中为自己的前途和理想奋斗，爱幻想，天天做白日梦，希望能等到自己的白马王子。无法正视个人与社会之间的关系，片面强调自己价值的实现，而忽略了自己对社会的贡献。而美剧与韩剧最大的不同在于对个人主义、利己主义的过分宣扬，以及影片中的暴力、色情场面过多。青少年的理解和认知能力有限，如果没有一个正确的引导和解释的话，会极易受西方自由主义价值观的影响，与我国的集体主义背道而驰；而过多的暴力、色情场面也会给正处于青春发育期的他们造成心理和生理的影响，青少年早熟、犯罪等负面现象都与这些思想的传播，有着密不可分的联系。

其次，自身尚缺乏足够的人生体验和知识积累，思想意识、知识体系均存在着较多的薄弱甚至空白之处，很容易受到外界的影响，

---

① 中国互联网络信息中心：《中国互联网络发展状况统计报告》（［2013 – 02 – 18 ］. http://www.cnnic.cn/gjymaqzx/aq/201301/t20130125_38634.htm）。

而电视娱乐节目以其简单的内容，新颖的轻松属性潜移默化地影响了青少年。例如，青少年正处于易于模仿的年龄阶段，偶像的语言、服饰、行为都会成为模仿的对象，形成流行语、流行服饰等，节目中体现的人生观、价值观对成年人来说会成为争论的焦点。如果这个节目是对优秀文化的推崇、是对榜样人物的宣扬、对社会正能量的渲染，这完全值得青少年去依赖，去追捧，可是我们发现大多数节目中出现了错误的价值导向，例如《非诚勿扰》的一位女嘉宾，标榜自己宁可坐在宝马车里哭，也不愿坐在自行车后面笑，这样的拜金主义势必对青少年的思想造成冲击；再如《奔跑吧，兄弟》里某当红明星一句发音不标准的英语"we are 伐木累"，竟成为青少年竞相模仿的典范。除此之外，真人秀节目所到之处，青少年追星族蜂拥而至，这种不计成本、疯狂盲目的行为都是阻碍青少年成长的现象，需要依靠社会、学校、家庭各个方面的努力来进行正确的引导。

第五章　新媒体背景下的信息异化与青少年价值观异常行为

21世纪以来，计算机技术、通信技术和网络技术的发展日新月异，正以前所未见的速度全方位、多层次地渗透到社会的各个角落，把人类社会带入数字化信息时代。从中国互联网络信息中心（CNNIC）2015年7月发布的第36次《中国互联网络发展状况统计报告》中提供的数据显示，截至2015年6月底，我国网民规模达6.68亿。值得注意的是，手机网民规模达5.94亿，网民中使用手机上网的人群占比提升至88.9%。手机网络音乐、手机网络视频、手机网络游戏和手机网络新闻的网民规模在短短的半年里分别增长了5.2%、13.3%、7.6%和10.6%，保持了相对较好的增长率。对网民人群结构的统计显示网民群体以少年、青年为主，10—29岁的网民占据了总体网民55.2%的比例。而对网民职业结构的统计中显示网民小学、初中、高中、大专、本科学历人群的占比分别为12.4%、36.5%、30.5%、8.8%和11.8%。整体网民及中小学以下学历人群占比为12.4%，较2014年年底上升1.3个百分点。中国网民继续向低学历人群扩散。学生群体是网民中规模最大的职业群体，占比为24.6%。①尼葛洛庞帝在《数字化生存》中指出，"信息DNA"正在迅速取代工业经济时代的基本单位，成为人类生活中的基本交换物。信息如空气一般渗透到生活的各个方面，改变着人们的工作

---

① 中国互联网络信息中心：《中国互联网络发展状况统计报告》（http://www.cnnic.net.cn/）。

和生活方式，甚至潜移默化地影响到人们的健康和价值观。然而"每一种技术或科学的馈赠都有其黑暗面。数字化生存也不例外"①。青少年作为主要的网民，在享受着信息所带来的便利的同时，由于自身主体性的缺乏，必然导致信息异化现象的凸显。因此，认识信息异化与青少年价值观异常行为之间的关系，分析信息异化对青少年网瘾、厌学、逃学、犯罪的影响，是摆在我们面前的一项重大课题。

第一节　什么是信息异化

"异化"一词出自拉丁文 alienation，其义为分离、疏远、转让、差异、精神错乱等。把它真正作为一个哲学概念来运用始于黑格尔。黑格尔用其来描述"绝对精神"的外化②。费尔巴哈则用"异化"来说明人如何借助于幻想把他的本质"异化"为上帝并加以膜拜，而只有当人认识到人是人的最高本质，上帝的本质就是人的本质的时候，才能消除这种"异化"现象，破除对上帝的迷信③。马克思在对黑格尔"绝对精神"异化和费尔巴哈人本主义异化批判和继承的基础上，提出了劳动异化理论，指出异化是"劳动所生产的对象，即劳动的产品，作为一种异己的存在物，作为不依赖于生产者的力量，同劳动相对立"④。纵观异化思想发展历程，可以看出异化的一般意义是指主体创造了客体，但客体却不受主体支配，反而变成了支配主体甚至敌视主体的力量。人的异化也就是说人自身创造的对象反过来变为支配和控制人自身的异己的力量。到了 20 世纪，"异化"这个概念不仅在哲学领域中使用，更是渗透到包括信息科学技术领域在内的社会各领域之中。将异化引入信息科学领域，即信息异化，不同的学者对其有不同的理解。郑永廷等人认为强大的信息

①　[美] 尼葛洛庞帝：《数字化生存》，海南出版社 1997 年版，第 122 页。
②　[德] 黑格尔：《精神现象学》，商务印书馆 1979 年版，第 44 页。
③　阮海红：《信息的异化与信息管理》，《图书情报工作》2000 年第 4 期。
④　[德] 卡尔·马克思：《1844 年经济学哲学手稿》，人民出版社 1985 年版，第 47—48 页。

技术与突出的信息价值，像工业社会强大的机器与商品价值一样，不仅广泛而深刻地改变了社会结构与生活方式，而且也使一些人沦为追逐信息的工具，成为信息主宰的客体，对此，我们称其为人的信息异化。① 孙瑞英认为信息异化是指人们创造了信息，但信息在生产、传播和利用等活动过程中受各种因素干扰，导致信息丧失原有内涵，反客为主演变成外在的异己力量，反过来变为支配、统治和控制人的力量。② 阮海红认为信息的异化是指在信息传播过程中由于种种因素的干扰导致了信息生产与信息消费之间的矛盾，使主体丧失了控制信息的能力并为信息所奴役、支配，或陷入"信息崇拜"的误区，滋生"信息至上"主义和"信息唯我"主义。③ 秦子淮认为信息异化是指信息支配着人的大脑，从而刺激人的全部身体，不仅危害人的肉体，而且伤害到人的心灵。④ 综合众学者的观点，我们认为信息异化是指人作为信息的主体，创造了信息，但是强大的信息技术在产生和传播信息的过程中，由于主客观因素的干扰，导致主体丧失了控制信息的能力，作为客体的信息反客为主，演变成为支配和控制人的力量。

目前，新媒体已经成为青少年学习、生活、娱乐甚至思想不可或缺的一部分，是青少年获取信息的重要渠道和表达思想、交流感情的重要场所。在自主选择，自由传播和自行加工创作信息的过程中，面对着海量、复杂、诱惑信息的冲击，面对着现实世界、理想世界、虚拟世界的碰撞，青少年由于正处于世界观、人生观、价值观的形成过程中，独立性和主体性缺乏，很难处理好与信息之间的关系，容易受到信息异化的影响，产生一系列价值观异常行为。

---

① 郑永廷、银红玉：《试论人的信息异化及其扬弃》，《教学与研究》2005 年第 6 期。
② 孙瑞英：《信息异化问题的理性思考》，《情报科学》2007 年第 3 期。
③ 阮海红：《信息的异化与信息管理》，《图书情报工作》2000 年第 4 期。
④ 秦子淮：《论人学视野中的信息异化》，《南华大学学报》（社会科学版）2011 年第 1 期。

第二节　信息异化类型及表现

信息异化的产生是以互联网、手机、数字电视为基本类型的新媒体的优势与特性，与信息生产、传播与利用过程中的各种人为因素以及主体自身的独立性和自主性有着密切的关系。

首先，新媒体以其交互性、即时性、海量性、共享性、自主性、多媒体与超文本以及个性化与社群化等优势与特性，表现出强大的力量、迅猛的发展势头和无可比拟的优越性使人们对信息产生过于崇拜的心理；给人们的学习、生活、娱乐带来了极大的便利的同时使人们对信息产生越来越强的依赖性，导致独立性、主体性和创造性的逐步丧失。

其次，信息在生产、传播和使用的过程中，信息服务商、信息软件商、利用新媒体建立业务流程的企业等少数市场主体，凭借其资金和技术优势，支配着信息资源，控制着信息的生产和销售过程。为了巩固自己的市场地位，获取更多的利益，不惜牺牲普通用户的利益，不择手段地刺激人们的消费欲望，一味迎合大众的口味，生产出大量的无深度的商业化信息和媚俗文化。同时在新媒体这个开放、自由的背景下，人们可以自主选择信息、自由传播信息以及自行创造和加工信息，弱化政府对新媒体的引导和监管，使得良莠不齐的信息涌入人们的视线，阻碍了人们正确选择和利用信息，导致了信息污染和滥用。

最后，在自由追逐、获取信息的过程中，一些人由于缺乏独立性与自主性，在信息海洋里漂泊不定，越来越不知道如何驾驭信息，总感觉自己有寻找不完的信息，总害怕自己落后于别人，没有找到最新最有用的信息，从而导致信息恐慌。更有甚者受到各种信息的轰炸后，由于自身主体性的缺乏，被一些色情暴力的信息所诱惑，不断吸食着"精神鸦片"，最终走上信息犯罪的道路。

由此，我们可以看出信息异化的基本类型主要有信息崇拜、信息依赖、信息恐慌、信息污染、信息犯罪和信息安全等。主要表现形式是：

第一，信息崇拜。信息崇拜是指信息技术以其强大的力量和无可比拟的优势给人们的学习、生活、娱乐带来了极大的便利，使一些人对其本质产生错误的认识，无限夸大信息的功能，甚至认为信息就是一切的极端做法。人们对信息的过度崇拜会导致盲目性和狂热性，从而使主体逐渐丧失自我的主体能动性。

第二，信息依赖。信息依赖是指新媒体已经成为人们学习、生活、娱乐不可或缺的一部分，人们离开新媒体就会产生无所适从、与世隔绝的感觉，生活、工作、学习都处于一种无序状态。处在 e 时代的青少年，遨游在网络媒体之中，不断地享受着快餐文化，浏览并感性地接受着各种信息文化，网络的匿名性、平等性、开放性给青少年带来了无尽的交流平台，青少年的工作、学习和生活正依赖着新媒体。

第三，信息恐慌。信息恐慌是指在信息爆炸的时代，个体受到外界人群行为的影响，为了避免自己被边缘化和处于信息竞争的弱势而不断寻找信息，却在信息海洋中迷失了自我，无法找到找全自身所需要的信息而产生恐慌。一些青少年学生，担心自己信息量太少，害怕该听到的信息没听到，该看到的信息没看到，于是拼命下载资料，对信息进行过量的搜集和走马观花的阅读，缺乏理解和思考，从而陷入了信息获取的恐慌和疲劳之中。

第四，信息污染。信息污染是信息生产者在利益的驱使下，利用新媒体的开放性、即时性、隐匿性等特征，刺激人们的消费欲望，制造和传播有违伦理的虚假信息（如假新闻、假广告等）、淫秽信息和暴力信息，使人们接收的信息受到污染。正处在成长成才期的青少年，世界观、人生观、价值观尚未形成，极容易受到信息污染。

第五，信息犯罪。信息犯罪是指运用信息技术故意或无意中实施的严重危害社会、危害公民合法权益并应负刑事责任的行为。其显著的特点是传统领域犯罪逐步向新媒体渗透。青少年作为新媒体使用的先驱者，受到新媒体的影响最大，由于自身的世界观、人生观和价值观都不成熟以及不良信息的污染，道德意识弱化和法律意识淡薄，从而利用新媒体进行网络诽谤、网络色情、网络恐吓、网络盗窃、网络赌博、网络诈骗等一系列网络犯罪活动。

第六，信息安全。信息安全是涉及经济安全和国家安全的信息渗透和信息战，是信息异化所涉及的最敏感的问题。在当今信息技术条件下，几秒钟内转移几亿、几十亿的资产是轻而易举的一件事，这对国家的经济安全构成很大威胁。有些具有探索精神但缺乏法律意识和责任感的青少年跻身于黑客的队伍，把运用网络技术作为自我智力的一种挑战，破译高难度密码，进入国家军政机关、金融部门网络系统偷阅机密资料，危害经济安全和国家安全，构成犯罪。

第三节　信息异化与青少年价值观异常行为

异常行为，也称为偏差行为或反常行为，各国学者对其定义的表述种类繁多。R. K. 默顿认为，当个人愿望得不到满足时，就会导致社会制度和道德规范弱化，从而产生各种异常行为。英国社会学家 G. D. 米切尔认为，异常行为是指违反规则或他人期望，并引起非议或惩罚的行为。① 我们认为异常行为是指违反社会文明准则或成人群体行为习惯和标准的"反常"行为。

青少年价值观异常行为是指青少年在青春期由于世界观、人生观和价值观还不成熟，出现的偏离或违背社会规范和文明准则或成人群体行为习惯和标准的"反常"行为。青少年处于个体生理和心理发展的特殊青春期，他们的世界观、人生观和价值观还处于发展阶段，分辨是非的能力还很差，对道德规范和法律的认识还很薄弱，对各种不良信息的诱惑以及违法行为缺乏抵制能力。出现各种价值观异常行为，主要表现为网瘾、厌学、逃学、暴力、犯罪、拉帮结派、自闭、自杀等。

1. 信息异化与青少年网瘾。

"网瘾"又称"网络成瘾症"（Internet Addiction Disorder，IAD），

---

① 《异常行为社会学》，百度百科（http://baike.baidu.com/link）。

最初由美国临床心理学家格登博格（Goldberg）提出，随后，美国匹兹堡大学的金伯利·杨博士又对这一概念进行了发展完善，把网瘾定义为"无成瘾物质作用下的上网行为冲动，表现为由于过度使用互联网而导致个体明显的社会、心理功能损害"。有学者提出网络成瘾是由于重复地使用网络而导致的一种慢性或周期性的着迷状态，并且带来难以抗拒的再度使用欲望。① 中国青少年网络协会发布的《中国青少年网瘾报告（2009）》称，目前我国城市网瘾青少年约占青少年网民的 14.1%，约为 2404.2 万人。本次调查中，只要被调查者在以下三个条件："（a）总是想着去上网；（b）每当互联网的线路被掐断或由于其他原因不能上网时会感到烦躁不安、情绪低落或无所适从；（c）觉得在网上比在现实生活中更快乐或更能实现自我"中，有一个问题的答案为肯定，则被判定为属于"网瘾青少年"。报告称，网瘾青少年主要是"网络游戏成瘾"，其次是"网络关系成瘾"。近一半网瘾青少年（47.9%）把"玩网络游戏"作为其上网的主要目的并且花费的时间最长，属于"网络游戏成瘾"；13.2%的网瘾青少年在"聊天或交友"上花费的时间最长，属于"网络关系成瘾"。② 其实"网瘾症"的类型还主要有网络色情成瘾即迷恋网上的色情影视、图片、文学作品等以及信息超载成瘾即强迫性地从网上收集无关紧要的或者不迫切需要的大量垃圾信息。

由此我们可以看出信息异化对青少年网瘾的影响：

一方面，多样化的信息交流平台吸引着青少年群体。卢梭在论社会不平等的起源时指出："A 奴役 B，不是通过暴力手段，而是通过使 B 处于一种不能缺少 A 的位置来实现的。"实际上，信息依赖是一种在信息社会条件下对物，即对工具依赖的新形式，是从工业社会对"实际"的物的依赖走向了对"虚拟"物（即信息、信息技术）的依赖。新媒体的海量性、开放性、隐匿性等特征使得青少年

---

① 贾武力：《网络成瘾的成因、行为表现与社会危害》，《沈阳农业大学学报》（社会科学版）2005 年第 4 期。

② 中国青少年网络协会：《中国青少年网瘾报告（2009）》，《北京晚报》2010 年 2 月。

可以隐匿自己的身份，随心所欲地在信息的海洋里满足自己各方面的需要，从而使得青少年离不开也不想离开新媒体所带来的各种便利。比如 QQ、微博、微信、飞信、邮箱、YY 等社交工具，使得青少年扩大了自己的交际圈，可以在自由的空间中，任意编造自己的身份和不同的陌生人畅所欲言，发泄现实生活中的不满情绪，获得陌生人的认可而得到心灵的满足，从而沉迷于网络的童话王国中。也可以不受时空的限制即时和同学、朋友交流，从而觉得离开了新媒体就与世隔绝了。

　　另一方面，多元的游戏文化吸引着青少年群体。根据中国互联网络信息中心（CNNIC）2013 年 7 月发布的第 32 次《中国互联网络发展状况统计报告》中提供的数据显示，截至 2013 年 6 月底，中国网络游戏网民规模达到 3.45 亿人，较 2012 年年底增长了 964 万人。随着移动互联网的发展，游戏设备也在逐步丰富，除了 PC 以外，平板电脑、智能手机、甚至电视等，均可以成为游戏终端。网络游戏的生产者在游戏设备不断丰富和巨大利润的驱使下，迎合青少年好胜、追求刺激、喜欢新鲜和挑战等口味，开发出各种暴力、刺激、血腥、无终结的游戏，使青少年在好奇心的驱使下去体验这些游戏，在游戏的世界中，被精彩的游戏内容、魔幻般的游戏画面，生动的游戏音响，形形色色的游戏人物所深深地吸引，想要成为游戏王国中的国王，想要击败对手，想要把游戏打通关，在这些所带来的快感中逐渐沉迷于游戏，无法自拔。比如腾讯网 2013 年 7 月报道的一则新闻，17 岁的小军（化名）是铁岭市一所重点中学的高三学生，学习成绩优异，是当地有名的"数学神童"，在老师眼中，是有望考上"清华"的好苗子。但高二时，小军接触了网络游戏，便一发不可收拾。起初是放学后偷偷去网吧玩，后来竟逃课去玩，有时甚至玩通宵。老师的劝阻、父母的眼泪都无法将他拉回，成绩也由全校前三名落入到差生的队伍。转眼间，距离高考还有三个月，以小军的成绩不用说上清华，连考上普通本科都很困难。小军不禁愧疚万分，连参加考试的勇气都没有了，但网瘾还是无法戒掉。同样，新媒体的发展由于缺乏法律的监管和道德规范的约束，出现很多色情网站、色情视频和色情图片。青少年的性意识正处于由萌动走向成熟的时期，色情信息对他们具有很大的诱惑力。有些青少年有意或无意中闯入了黄色网站中的视频和图片中，在一阵触目惊心的浏览之后，有的往往难以自拔，沉浸于一幅幅不堪入目的画面和意乱情迷的幻想中难以自拔。

2. 信息异化与青少年厌学、逃学

厌学现象涉及从基础教育到高等教育各个学段，对厌学含义的界定也不统一，比较典型的相关概念是"厌学"和"厌学者"。

"厌学是一种典型的心理疲倦反应，由于持续努力和精神紧张或长时间从事单调的工作引起的不适和厌倦状态。表现为不良心理，表征为消极的定式、低自我概念、低自我效能感、低成就动机。厌学属于学习行为障碍中的一种"。① "厌学者"是"具有厌学心理的学生，是指那些对学习认识存在偏差、情感上消极、行为上远离学习活动的学生"。②

我们认为，一般意义上的厌学指学生由于持续精神紧张或长时间进行单调的学习但又不能得到精神上的满足或缺乏学习兴趣和学习策略而从内心里排斥、恐惧学习或对学习失去信心的一种心理疲倦反应。

根据青少年厌学的表现程度，可以划分为三个层次：（1）轻度厌学：上课注意力不集中、偶尔拖欠作业、缺乏刻苦钻研的精神。（2）中度厌学：上课经常走神、经常拖欠作业、害怕考试、学习目的不明确、学习策略不科学、有迟到早退和逃课现象。（3）重度厌学：讨厌学习和学校、憎恨同学和老师、一提到学习就恶心头晕、脾气暴躁、经常旷课甚至辍学。③

第一，信息崇拜导致青少年唯信息是从，缺乏刻苦学习的精神。新媒体的突出特点是具有高度的动态性、直观性和形象性，集文字、

---

① 王矜学、王有荣：《学生安全教育是建设平安和谐校园的重要前提》，《学习月刊》2009 年第 8 期。

② 付刚：《中小学安全工作现状及对策》，《聚焦教育》2007 年第 16 期。

③ 司悦：《青少年厌学心理的内在成因探析》，《学园》2012 年第 7 期。

声音、图像、动画于一体，不再拘泥于单调的文字、静态的图像或单一的声音。促使青少年对信息的热爱和崇拜，认为新媒体所提供的信息比书本和老师讲的更准确、更形象，从而花费大量的时间通过新媒体方便快捷地看世界而不是自己去思考、刻苦去钻研，造成逻辑思维能力退化以及自主创新能力的减弱。比如很多学生写作业一定要通过搜索引擎获得答案，而不是自己慢慢推敲得到答案。

第二，信息恐慌导致青少年疲于寻找资料，学习目的不明确，学习策略不科学。新媒体的海量性和自由性特征使得信息的内容极其丰富，范围极其广阔，形式极其多样。青少年在信息的海洋中，很容易迷失了方向，失去主体性，不知道如何寻找自己需要的信息，盲目地不断下载资料，走马观花地阅读，造成了学习的无目的性和方法的不科学性。

第三，信息污染导致青少年上课走神，经常拖欠作业，甚至会出现早退、逃课的现象。不规范的文化以及娱乐市场，用暴力和血腥的网络游戏、色情的视频和图片、良莠不齐的网站充斥着整个网络，使得喜爱自由、挑战和刺激的青少年沉溺于这些信息中不能自已，忘记了学习才是生活的重心，上课想着游戏，回家不做作业，甚至逃学去网吧。比如德州新闻网 2013 年 10 月报道的一则新闻，武城县兵兵（化名）的妈妈将其送到学校后，不一会儿又接到了兵兵老师的电话，问兵兵为什么没有到校上课。兵兵妈妈吓坏了，慌忙跑到学校后发现八岁的兵兵进学校后并没有进教室，而是直接离开了，于是拨打了 110。谁知中午时分，民警接到兵兵家长的电话，兵兵"按时"回家吃饭了。原来，兵兵迷上了网络游戏，偷偷利用上课时间独自外出打游戏。

3. 信息异化与青少年犯罪

在我国有关的法律文件中，对"青少年"的概念未予准确的界定。就其词义而言，"青少年"即指青年与少年的合称，"青年"是指人从十五六岁到三十岁左右的年龄段，"少年"是指人从十岁左右到十五六岁的年龄段。理论界对青少年犯罪的概念有狭义和广义之分。狭义青少年犯罪是指从刑事法学观点出发给青少年犯罪概念所下的定义。它一般是指 14—25 岁年龄段的人所实施的依法应当受刑事处罚的行为。广义青少年犯罪的概念，是从犯罪学的角度出发给青少年犯罪所下的定义。有的学者认为它是指 6—25 岁年龄段的人实施的犯罪行为，触犯治安管理的违法行为和违反道德规范的不良行为。①

第一，信息污染导致青少年产生暴力行为、进行盗窃和诈骗或传播网络色情。新媒体的开放性促使其内容包罗万象，既包括给人们生活、学习带来便利的有用信息，当然也包括色情、反动、暴力、血腥等垃圾信息。新媒体的隐匿性特征又为这些垃圾信息的自由传播和扩散提供了最好的土壤和条件。在新媒体所构建的这个平台上，特别是处于青春期的青少年难以抵挡不良信息的干扰，会产生各种不良行为。如网络游戏良莠不齐，暴力和色情游戏充斥着网络，对充满活力、追求挑战的青少年是不可抵挡的诱惑。有的青少年可能陷入游戏中不能自拔，这就给他们带来了一笔不小的额外开支，一些物质条件较差、又无法靠自己的劳动获得足够财富去满足其消费的青少年，只能借助偷、抢、骗等不法手段获得财物，最终陷入犯罪的泥潭。《重庆晨报》2013 年 12 月报道的一则新闻正说明了这点，18 岁的董明由于迷恋网游，他放弃了学习，提前进入社会，但又嫌打工太辛苦。最终，他和自己的几位损友一起，盗窃 3 万多元，最终被判有期徒刑 3 年零 7 个月。同样，色情的网站、视频和图片等刺激、诱惑的内容和画面对性意识处于走向成熟过程中的青少年具有很大的诱惑力，有些青少年不仅自己接触还会和网友传播色情信息，从而走向犯罪。比如大众网潍坊频道 2013 年 11 月报道的一则新闻，杨某 1990 年出生，自 2012 年 6 月 8 日，因网友向其索要色情视频，遂通过 QQ 邮箱从网上获取淫秽视频种子并转发给他人，传播的淫秽视频种子内含淫秽视频 133 部。其行为构成传播淫秽物品罪，于 2013 年 8 月 12 日被青州法院依法判处有期徒刑 6 个月，缓刑一年。还有些青少年由于长时间受电影电视或网络

---

① 《青少年犯罪》，百度百科（http://baike.baidu.com/link）。

暴力视频的影响会在现实生活中实施暴力行为，从而走上犯罪的道路。

第二，信息犯罪导致青少年利用新媒体进行传统领域的犯罪。传统领域犯罪逐步向互联网渗透。如有的青少年通过制造和传播计算机病毒来显示自己的能力，有的青少年擅闯他人系统，偷看或泄露他人隐私，有的青少年通过网络盗取他人财物，还有的青少年受色情信息的刺激和诱惑，实施卖淫嫖娼、强奸等违法犯罪行为。《广州日报》2013 年 6 月报道的一则新闻说明了这一点，清远一名年仅14 岁的少年潘某来自单亲家庭，早早辍学在家。无所事事的他平时喜欢上网吧打发时间，网上色情内容充斥，年少气盛的潘某抵制不住色情电影的诱惑和青春期的萌动，尾随一名正在上学途中的 12 岁女童，并实施强奸，被清城区法院一审判处有期徒刑 2 年。

第三，信息安全导致青少年扮演"黑客"，危害国家安全。美国总统克林顿在美海军学院演说中称："当 21 世纪即将来临的时候，美国的敌人已将战场从物理空间扩展到虚拟空间。"如今，具有强烈创造欲望和探索精神的青少年把网络技术运用作为自己智力的挑战，跻身"黑客"的队伍。如私自穿越防火墙侵入他人系统，更改程序造成系统无法正常运行，更有甚者进入国家军政机关、尖端科技或金融部门的系统，给国家政治、经济、安全带来威胁。

第六章　新媒体背景下青少年价值观引导的新挑战

　　进入 21 世纪后，信息科技革命不断发展，而新媒体在我国的发展更是如火如荼。新媒体（New Media）是依托当今社会最新的数字传输技术、互联网网络技术、移动通信技术等新技术向广大媒介受众提供信息技术服务，以网络媒体、手机媒体和（互动性）电视媒体为代表，区别于传统的报刊、电话、广播、电影、电视等媒体的新型媒体。作为社会新事物的新媒体，青少年学生已成其最快的接受者，新媒体对其产生的影响，已经融入生活的方方面面之中。新媒体以碎片化的快餐文化吸引着青少年，各种各样的真实与非真实、客观与非客观、标准与非标准、真善美、假丑恶文化使他们感到眼花缭乱，无所适从，无所选择，新媒体以一种全新的文化模式渗透和影响着青少年的思想观念、思维方式、行为方式。怎样引导、如何引导青少年价值观？给我们提出了新的挑战。

第一节　青少年价值观困惑的引导反思

　　迅猛发展的网络媒体，以微信、QQ、微博为平台，通过数字化的转化为形式，使形式多样的文化形态呈现在人们面前，它的形象性、生动性、及时性深深吸引着人们的眼球，于是，"低头族"的现象成为街头巷尾随处可见的一大景观，这可以说明人们离不开新媒体、依赖着新媒体。生长在网络社会的青少年群体，也可以说是 e 时代的青少年，更加说明他们对新媒体的痴迷程度。新媒体时代的到来，人们的价值观受到冲击和影响，青少年首当其冲，传统价值观引导出现严重危机，这就需要我们不断思考，不断反思，以寻求科学有效的青少年价值观引导。

一　虚拟社会与现实社会引导的矛盾

我们把社会分为现实社会和虚拟社会，现实社会是指我们生活、工作、学习等的社会环境，它是看得到、摸得着，而且是实实在在的社会现实，而虚拟社会以现代计算机为基础和框架，人们以虚拟方式在其中展开活动而形成的社会关系体系，以虚拟性、模糊性、全球性、裂变性为特点的虚拟生存方式带来了人类生存中虚拟生存与现实生存、理想化生存与世俗化生存的矛盾。第一，虚拟社会与现实社会的这种以人为中介的关系向我们昭示，现实社会伦理是虚拟社会伦理的文化资源，虚拟社会伦理必然是通过人这座桥把现实社会伦理延伸到虚拟社会的结果。不汲取现实社会伦理的文化养分，虚拟社会伦理将成为无本之木。同样，虚拟社会伦理的作用并不局限于虚拟社会之中，它也将通过人这座桥对现实社会伦理产生不可小视的影响。虚拟社会伦理不可能完全与现实社会伦理无涉，也不可能存在超然现实社会伦理的"虚拟的"伦理。同时也暗示我们，虚拟社会伦理与现实社会伦理发生冲突时，仍然需要人这个主体兼中介来化解。在网络伦理的建构中，人仍然起主导作用，决不会因为虚拟社会的数字化特性而由数字或比特来决定，网络伦理的核心问题仍然是人的问题，虚拟社会来自现实社会，是现实社会的延伸，同时影响着现实社会。两者相互交融。随着涉及虚拟社会的人群日益扩大，虚拟社会越发成了多数人宣泄情感的自由平台。第二，虚拟社会的表达是以现实社会表达为基础，同时发展现实社会表达，创造出一些不同于现实社会表达的新方式、新手段。同时，创造虚拟社会的重要目的是便捷，虚拟社会既然是现实的延伸，表达在其中也被"便捷"了，利弊冲突在便捷的同时应运而生。第三，虚拟社会表达的影响力比现实社会更加广泛，突破了现实社会表达的多重局限性。第四，虚拟社会表达所带来的诚信等效应远不如现实社会，易滋生混乱现实社会秩序、稳定等的情况。第五，揭示网络时代背景下虚拟社会表达与现实社会表达的异同，为虚拟社会秩序的有效规制提供一些有价值的理论基础。可以看出，现实社会与虚拟社会既有区别又相互联系。虚拟社会离开现实社会，就成为无源之水，无本之木，不论虚拟社会的网络系统多发达或者全面，都离不开人的操作和控制。

但在虚拟社会中，存在着：第一，虚拟的文化与文化的虚拟。文化既是延续，又是继承，在这个基础上创新。在虚拟社会中，文化的本质被扭曲或者歪曲，离开现实文明的文化被无休止地夸张和放大，割裂了文化的根和源。在网络、媒体中，我们可以看到各种文化的共处、共在、共荣的局面，有主流文化与支流文化、传统文化与现代文化、通俗文化与流行文化，甚至反文化、亚文化，各种各样的文化在虚拟世界中，通过各种各样的平台冒出来，而有些文化的世俗化、通俗化，甚至内俗化而更容易为青少年所接受，特别是那些夸张的、无厘头的文化深受青少年的喜爱。长期遨游在虚拟世界中的青少年，会更多地感到迷茫、失落、压抑、心理混乱、行为失衡，具有一种无根感、疏离感和漂泊感，这种由网络社会带来的文化冲突、价值观冲突，在现实社会中没有得到引导和纠正，青少年的价值观就会出现矛盾和问题。第二，碎片化文化与碎片化价值观。我们知道，一个人的价值观的形成不是一朝一夕能够完成，它是依赖人的成长过程和成长经历，在人生这个过程和经历中，必须受到各种各样的学习、生活和工作的磨炼，同时，还受到来自不同渠道的文化影响。在传统年代，由于封闭而文化单一，价值观归一，在改革开放年代，由于多元文化影响，价值观出现多元化格局，在新媒体时代，人们利用微博、微信等平台，大踏步地迈进了以公众号、朋友圈为主的信息时代，快速浏览着碎片化的信息，快速浏览，快速遗忘，靠碎片化信息保持着对社会的了解和文化认同，这种快进快出的信息和文化，却像是子弹，每天每时每刻撞击着我们的神经，改变着我们的思想，改变着我们的价值观，使我们的价值观出现碎片化。浸润在新媒体的青少年，他们正处在价值观萌芽、发展、形成的阶段，在享受着快餐式的文化同时，碎片化的价值观更加凸显。而在现实社会，面对着新媒体所带来的碎片化的文化、碎片化的价值观，我们却显得无能为力。虚拟社会的问题，现实社会的短板正呈现在我们的面前，现实社会与虚拟社会的分离，怎样找出现实社会与虚拟社会的结合点和着力点，实现线上与线下的沟通，让现实价值观与虚拟价值观相契合，是我们必须解决的课题。

二　新媒体与家庭引导的乏力

青少年受电视、网络、手机等新媒体的冲击，可谓"流行成灾"，让父母们越来越看不懂，也越来越焦虑。在新媒体时代，电脑、电视、手机等许多智能化的产品都与网络紧密相连，信息呈现爆炸式的传播，青少年接触并学会了与他们年龄不相符的信息与语言，而他们的引导问题让父母们感觉越来越棘手，有些父母把网络妖魔化，把网络看成是洪水猛兽，以至于青少年接触新媒体使父母们产生畏惧。新媒体时代，网络对青少年的生活和学习产生巨大的影响。有的学者把新生代的孩子称为"网络原住民"，因为他们出生在一个被网络包围的环境，网络就是他们的生活，数字化生存是他们从小就开始的生存方式，被父母们称为"新移民"，因为网络媒体环境对他们来说不是与生俱来的，而是后天才有的。

新媒体已经成为继学校、家庭、社会后的第四大教育因素，直接冲击家庭教育，导致传统家庭教育的断裂，撕裂了家庭传统教育的方法方式，主要表现为家庭教育陷于茫然、被动、无力、苍白的状态，给传统家庭教育带来了严峻挑战。具体地讲，新传媒对传统家庭教育的冲击表现在以下几个重要方面：第一，家长的知识权威性受到了新传媒的空前挑战；第二，家长向子女传递信息的过滤性与现代传媒的复杂性发生矛盾和冲突；第三，家长和子女的亲子关系受到新传媒的残酷冲击；第四，新传媒的迅猛发展对家长素质修养提出更高要求。当今时代是新媒体时代、微信时代，作为现代传播媒介的广播、电视、电影、信息网络、录像、光盘、手机和声讯服务台等呼啸而至，在人们的生活舞台上扮演着各式各样鲜活的角色，给人们的生活、思想带来巨大变化，丝丝入扣地潜入每一个家庭，挑战人们传统的家教理念与教育方式。

因为新媒体，青少年离不开网络；因为新媒体，青少年有了网瘾；因为新媒体，青少年产生厌学；因为新媒体，青少年走向犯罪。类似问题、矛盾和冲突告诉我们：农业文明时代，孩子围着家庭和家长转，家庭教育一元化，世代绵续趋同，孩子教育家长说了算；知识文明时代，孩子伴随网络和市场成长，孩子有了自己的空间，孩子教育超越家庭，超越学校，成长方式多元化，在以网络为平台的新兴媒体影响下，育儿理念和方法发生了"大碰撞"，家长的权威性受到空前挑战，创新家庭教育、家庭引导迫在眉睫。在新媒体背景下，家庭的一元化教育受到了挑战，一元化家长制权威受到冲击，家庭引导青少年乏力。我们认为，不能用一元化家长制来引导"网络世代人"（伴随网络时代成长的人被称为"网络世代人"），也就是说，当今社会，前沿科学技术以网络为平台，正在改造经济、改造社会、改造文化、改造人们的生活方式，包括青少年的成长方式和成长过程。所以，家长在引导青少年的过程中，不能拒绝新媒体环境，而是要将青少年置于相应的发展环境中，努力促进青少年缩小与社会的差距。

三　新媒体与学校引导困惑

新媒体给学校带来了现代化的多媒体教学和现代化的管理的同时，也给学校的德育工作带来了新的挑战。学校的教学设备、媒体设备等硬件设施已经具备，但是与新媒体配套的软件教育思想和教育观念显得束手无策，长期禁锢于传统的教学理念、传统的德育教育和传统的管理模式藩篱学校，使学校的德育教育和引导乏力、矛盾和困惑。表现在：第一，单向教育与多向教育的困惑。传统德育是单向的、强制的。传统的德育教师是绝对的教育者，学生是绝对的被教育者。教育过程是"我说你服"的过程，多采用教师选取信息，学生接受信息的单向教育。在新媒体时代，学生不是局限在接受学校、老师的信息，而是更多地来自网络信息、手机信息和媒体信息的冲击，形象性、生动性、多样性的信息对青少年学生来说更加具有吸引力，一方面丰富了青少年学生的生活、开阔眼界和知识视野；另一方面碎片化的信息则容易使青少年价值评价模糊、价值取向多元、价值观混乱。传统的学校教育在新媒体教育时代显得苍白无力，单向的、强制的学校教育已经不能适应新媒体时代的教育，教育者的主动地位和学生的被动地位动摇，教师的选取信息和学生的接受信息受到挑战。第二，重形式与重效果的困惑。传统德育是重形式的。现在普通高中都在德育工作开展了许多的德育活动，比如上德育课，听专家讲座、开班会、文体活动、纪念日教育活动等，通过这么多的形式开展德育工作，每种形式的效果到底怎样？是否受学生欢迎等没有进行评估。这些德育方法、德育的形式本身是很好的，为什么效果不好，这需要我们去思考、然后改革和改进。在新媒体时代，改革学校教育模式，创新德育教育方法方式，使德育的被动性变为主动性，凸显德育的效果，这是一个值得研究的课题。第三，封闭教育与开放教育的困惑。传统德育是封闭式的。传统的德育基本处于封闭半封闭的状态，把教育与社会生活隔绝起来，在新媒体时代，面对着多元文化、中西文化、传统文化、流行文化、世俗文化等形形色色的文化、思想和社会思维，一味采取拒之门外的方法，尽量减少学生与校外的联系。在当前市场经济条件下，人们的物质生活方式、精神生活方式日益多样化。信息知识之间既相互冲突、对抗又相互融会贯通。面对着多元文化，面对着多元价值观，封闭性教育会使青少年学生价值观更加矛盾、模糊和冲突，开放性教育重于引导，重于解释世界、解释现象，它会使青少年学生价值观更加明晰、更加理解世界的万事万物，从而树立正确的价值观。

第二节　统一性与多样性的分题

价值观引导作为一种有目的、有计划的实践活动，其发展始终围绕着一个基本矛盾，这就是引导目标的统一性与个体人生的多样性。它制约着价值观引导活动的整个过程。

所谓价值观引导目标的统一性，就是指价值观引导具有一定的指向和规范要求，因为引导本身是一种有目的的活动，这个目的当然是一定社会本质的反映，是作为一定社会意识形态的主流价值观的反映。

第一，引导目标的统一性物质要求，它受制于一定社会生产力水平。因为每一代人在社会上开始生活时，所遇到的都是现成的生产力和生产关系，任何人都不能自由地选择生产力和生产关系。而且这种既得的生产力和生产关系，还预先规定了这一代人的生活方式和活动方式。从根本意义说，社会生产力决定了人们对自然、社会认识的程度。我国在计划经济年代，经济工作、经济标准、经济分配高度计划性，观念统一、思想统一、行为统一，大一统的价值观使人们的思维方式、行为习惯、生产方式、价值标准，都统一到一个标准上，这种思想划一、情感统一、行为统一、好恶统一的价值观与我国当时的生产力发展状况紧密联系或者说是相适应。在改革开放年代，随着我国改革的铺开，开放和放开的政策，世界各国文明的相互交汇和碰撞，多元文化冲击着一元价值观，多元与一体，分化与整合，求异与趋同始终在不断变化，向着互体互用、求同存异、和而不同的方向发展，最终达到互利共赢的局面，这种多元价值观与我国的社会主义市场经济发展相互存在和相互联系。进入21世纪，以计算机为标志的网络时代，科学技术的突飞猛进，把我们带到了新媒体时代，新媒体的即时性、互通性、广泛性，把世界变成了地球村，人们不仅仅禁锢在了解本国的文化和信息，而是随时随地收集和捕捉到所需要国际国内的政治、经济和文化信息，这种多元的、多变的世界，彻底撕裂了一元价值观，丰富了人们的价值观，也同时给价值引导目标带来了挑战。从以上时代的发展与价值观的变化我们可以看出，价值观的变化无不深深地烙印着时代的痕迹，它是时代发展的标志。因此，随着社会生产力的不断发展，随着人类对自身、自然和社会认识的不断深入，价值观引导目标的统一性亦会不断地变化、丰富和完善。

　　第二，引导目标的统一性是政治目标要求，在阶级社会中它必然反映统治阶级的利益、愿望和要求。在任何的阶级社会中，统治阶级为了巩固其自身的统治地位和利益，在思想意识形态方面总是制定出一系列相适应的思想观、道德观、价值观和行为标准，规范和引导着人们的价值取向。在我国历史上的每一个有阶级年代，统治阶级总是推出代表其自己利益和维护统治地位的主流文化和主流价值观，并以此为价值标准来衡量、规范和评价人们的行为，如我国古代的"仁、义、礼、智、信"、"三纲五常"等伦理价值文化，成了当时人们必须遵循的价值取向，自然也是价值观统一性的要求。在资本主义国家，虽然它们标榜着所谓"民主、平等、博爱"和"个性自由"等口号，其实它们以另一种方式把资产阶级意识形态渗透到社会的各个方面。因此，对于任何一个社会来说，尽管现实存在各种不同的人生观、价值观，但引导所指向的价值观必然是与统治阶级的目标相一致的。我国是社会主义国家，以科学发展观、八荣八耻、和谐观等为核心价值观，在当今新媒体时代，实现中国梦是我们的理想和奋斗目标，实现中国梦，实现国家与民族的复兴，实现中国梦，满足每一个公民的发展需要，使之完成个人梦想，无论是国家层面还是个人层面，对中国梦都有相应的理解、规定和要求。不管各人具体的人生实践如何展开，这种统一的要求总是起着一种基本的制约作用。

　　第三，引导目标的统一性是时代要求，价值观的引导目标必须带有与社会发展相适应的时代特征。随着社会的不断发展和生产力水平的提高，时代的变化，引导目标和要求总是随着时代的变化而变化。我国改革开放前，在计划经济时代，强调的是政治价值，政治高于一切，价值观引导目标就是注重政治服从，而在改革开放后，在市场经济时代，强调生产力的发展，价值观引导目标注重自由和自觉。而现在，在新媒体时代，网络、媒体的普及和运用，互联网在各个领域的推广，多元文化的并存、融化和消解，价值观引导目标注重解释、批判、理解和宽容。

　　第四，引导目标的统一性是文化要求，这种文化要求就是价值观引导在一定程度上受传统文化的影响和制约。每一个国家都有一代接一代传承下来的文化，这种文化具有丰厚的文化底蕴，具有较强的渗透性和影响力。在一定的文化氛围下提出的价值观引导目标的统一性常常不自觉地打上文化传统的烙印。我国是世界文明古国之一，中华民族文化源远流长，文化底蕴较为丰厚，吸取和传播传统文化的精粹，吸取传统文化的营养，传承核心价值，对于我们中华民族的子孙后代来说是永远不过时的。

制约价值观引导活动的另一方面是个体人生的多样性。人生的多样性体现在个体的个性特征，由于每个个体的文化程度差异和人生经历不同，对事物产生不同的认识，由于个体成长环境的不同和遗传等因素，人与人会表现出不同的性格特征，这样使得人与人的价值观具有多元向度和多层次的性质。各种各样的人会产生不同的人生观和价值观，影响和制约价值观的引导。

价值观引导目标的统一性和个体人生的多样性的矛盾和分歧呈现在我们面前，一方面，社会总有一定的主流价值观作为引导的统一要求；另一方面，个体人生的丰富多彩，这两方面矛盾的不断产生和不断解决，正是我们引导实践的展开过程。

第七章　青少年价值观引导的
立足点及原则

　　科学技术的突飞猛进，不知不觉地把我们带到了新媒体时代。在新媒体时代，我们的眼界、视野发生了天翻地覆的变化，我们可以敲敲键盘、点点鼠标，或者点划不离身的智能手机，就可以即时获得新闻、信息和文化，这印证了俗话"秀才不出门，能知天下事"。当科技进步给我们带来享受快捷、方便和满足我们视觉神经的同时，人们的主体性随着快餐文化不断地丧失和发生变化，固有的价值观也漂浮不定，主要表现在价值核心由社会本位向个体本位变迁、价值取向由单一化向多元化变迁、价值目标由理想化向功利化变迁，新媒体的传播方式、传播内容、具体形式都是价值观嬗变的影响因素。尽管人们有多种文化价值观的选择权，比如，古代的、现代的、西方的、东方的、草根的、精英的、科技的、经济的、政治的、宗教的等文化价值观。在新媒体背景下，这种种文化价值观的相互碰撞、冲突在带给人们极大的自由选择空间的同时，也造成了人们的无所适从以及极端盲从，前者比如普遍存在于这个时代的无聊病和郁闷病，后者有如享乐主义、拜金主义等。因此，人们急需一种价值观引导，而这种引导显然不是价值相对主义可以解决的，抑或价值绝对主义。现代的价值观引导应该有一个全新的视角，它既能继承，也能审视；既能坚守，又能创新。然而在这里，我们并不想笼统地阐述"人们"的价值观引导问题，鉴于青少年的特殊性（涉世不深却思想活跃、视野开阔；心灵脆弱却崇尚自我、追求个性；辨别能力不强但敢于质疑、乐于探索；选择能力不强但兴趣广泛、接受能力强等），而只想在新媒体的视角下对我国青少年的价值观引导问题做一个论述。

第一节 青少年价值观引导的立足点

一般情况下，人们普遍存在一个误解：认为在如今这样一个新媒体时代、价值观多元化以及价值混沌的时代，提倡价值观引导无疑是一种说教，纯属多余。然而，事实是价值观引导并不是可有可无的，这可以从未成年人甚至是成年人时常出现的迷茫、苦恼、孤独以及各种行为扭曲现象中明显看出。从前面我们可以看出，即使从新媒体时代文化多元化到价值观多元化和价值混乱的角度来说，它也是必不可少，甚至是更需突出，尤其是青少年群体。应该看到，任何人都是基于自己选择的价值观去生活的，一种没有任何价值观引导的人生是不可想象的，而一种没有正确价值观（"正确"并不是指那种绝对的或者完全服务于意识形态的，而是有利于保障持续、和谐生活的）引导的人生注定是失败的。然而什么才是正确的价值观？如果按照价值相对主义的观点，价值世界是一个多元的、从而也是不确定的世界，各种价值观共同存在、无高低之分、不可通约或者调和、甚至彼此竞争、冲突，因此无所谓最好的价值观，也没有什么价值观是坏的价值观，那么这无异于置我们的青少年于无所适从、不知所措、迷茫和痛苦，甚至是极端的疯狂之中。我们必须着力解决这场发生在价值观领域中的"诸神的斗争"（韦伯语），"价值观若完全没有可公度的标准，没有基本的常识，没有可信任的权威和起码的尊严，那么，价值观还可以教育吗？教什么？它要么是自言自语式的独白，要么只能再度制造修筑巴比伦塔式的混乱和倾覆。"① 而价值观的基本常识和尊严并不靠其理论逻辑上的自我推导来赋予，而得益于价值观引导强有力的根基和立足点。这种根基和立足点可以从价值观引导的本质和目标来阐释、规定。

---

① 王葎：《价值观教育的合法性》，北京师范大学出版社 2009 年版，第 3 页。

一 价值观引导的本质

如今，我们突出价值观的引导，基本上是基于这样一个事实的：现代化带来进步的同时也带来了严重的精神异化，科学技术的发展和新媒体工具化，价值多元化的背后是价值的混乱以及基于价值混乱之上的人们生活形态的混乱、扭曲和变形。而隐藏在这个事实背后的又是这样一个问题：在生活中，人们在某一个阶段或者时常感到方向的迷失，因为这种迷失，人们的生活没法和谐地持续下去。而这种迷失很少在物质世界中发生，人们更经常的是在精神世界中迷失。对个性和自由的无限要求却以孤独、失落、空虚收场，对平等的绝对要求却以隔阂、矛盾和彼此对抗落幕，对理性（这里指工业文明的理性）的无限追求和极度崇拜又以异化、荒谬、无意义结束，对价值的片面追逐反而造成真正价值的缺失，任何一个时代都不如现今这样物质丰富、富足，但是任何一个时代也不像现今这样矛盾丛生、无聊遍布、郁闷弥漫。对人生意义、人生价值的每一次追问或者视而不见、任意践踏都造成不可阻挡的迷茫和痛苦。

以上的事实和分析最起码可以给我们这样一个启示：源于生活的价值观必须突破其自身的瓶颈而高于生活，从而促进人们持续、和谐地生活下去。但是价值本身并不能组合、筛选、提炼各种价值观，唯有一种引导，一种价值观的引导才能担此重任。如此，价值观引导的本质便是促进人们持续、和谐地生活。这种持续、和谐的生活有物质和精神两个层面。物质的满足是保障持续、和谐生活的基础和前提，没有维持生存的、最基本的物质满足，持续、和谐的生活无从谈起。不过有鉴于如今这个新媒体时代的状况，绝大多数人实现物质层面的持续、和谐生活是没有问题的。但是要实现精神层面的持续、和谐生活却并非易事，因为它无法被量化处理，也无法被任何一种技术所把握。它更接近于信仰的性质，但这并不是说它是空洞无物的。实际上，我们交谈、做事、学习无不需要相应价值观的引导，否则生活就没法持续下去，就会陷入混乱之中。因此，一般意义上的或者严格意义上的价值观引导主要是指从精神层面上保障人们持续、和谐的生活。

1. 现实世界个人价值观引导

生活的各个层面是琐碎的，人生也是分阶段进行的，但是在生活的各个层面和人生的各个阶段都需要相应价值观的引导，青少年在这些时候的选择空间是巨大的，也需要从这些选择中历练自己，从体验各种价值观的过程中进行筛选和甄别，以选择一种适合自己的价值观指导的人生、实现自己的人生目标，从而体验一种自我实现的满足感和成就感。这种满足感和成就感对于过一种持续的生活是十分必要的，从某种程度上甚至可以说是否具有成就感和满足感与是否可以过一种持续的生活之间是成正比的。因为满足感和成就感可以极大地刺激青少年对生活的信心和对未来的期待，而这种信心和期待是实现持续生活必不可少的条件。因此对于青少年来说，一种个人价值观的引导是必要的。不过，这只是从狭义的意义上来理解持续的生活。从广义上来说，价值观的引导不仅要教人过适合其年龄段的生活，而且要引导其过终身的生活，并且要引导其为下一代的生活做必要的准备。立足现在，并且承前启后，这才是持续生活应有的内涵。这种生活的绵延和持续当然有物质的成分，但更主要的还是精神性的，即每一个生命体价值观的始终存在。对个人价值的把握，对何种生活能给人更高意义的追问，无疑需要教育机构的培训和教育，但更需要个人自己的探索、体验和参悟。

2. 现实世界普世价值观引导

在新媒体时代，文化的多元化、价值导向的多元化以及价值相对主义无疑对普世价值观提出了极大的挑战，然而这并不构成否定普世价值观的充分必要条件。相反，没有对各种文化价值观保持清醒的认识、不能将各种文化价值观结合起来、对于生活在同一个星球上的个体或者生活于同一种文化中的个体，如果没有一种普世的价值观，那么企图过一种和谐的生活是不可能的。对于青少年群体来说更是如此。一个明显的问题便是青少年时常因为在虚拟世界与现实世界中没法架起联系的桥梁而出现的网瘾、厌学、逃学、退学、辍学、犯罪。从这个层面上来说，媒体、网络是虚拟世界，它代替不了现实世界，人总不能在虚拟世界中游荡而变成虚拟人，最终必须回到实实在在的现实生活中来。在现实生活中，人是社会关系的总和，一种和谐的生活必定意味着能够和他人融洽相处地生活，即拥有一种健康的社会关系的生活。而一种健康的社会关系必定包含了人们对促成这种社会关系的某些价值的一致理解和肯定，并且人们只有对某些价值拥有共同的理解并达成一致意见，才可能过上和谐的生活，否则矛盾和纷争将持续不止，和谐也将永远被驱逐出生活世界。因此，"价值观教育的真正旨意就在于使人能够不断地从'直接性'趋向'普遍性'，使个体的人从特殊精神逐步过渡到普遍精神，赋予人的心灵以普遍的精神形式，使人从盲目的生活逐步过渡到普遍性的合理生活……把个体从个别性状态提升到普遍性状态，实现人的精神内在的、整体性的生成。"① 这种普遍性、普遍精神、普遍性状态便是人们对某些价值达成一致意见的体现。而对某些价值达成的一致意见即意味着普世价值观的生成。这些普世价值观是人们能够从事公共活动、进行人际交往的基础。和谐的生活便是从人们参加公共活动、进行人际交往时遵守活动、交往的规则并取得成效中体现出来。没有对这些规则、公共的价值观的遵守，和谐的生活是不可能的。

二　价值观引导的目标

价值观具有鲜明的时代性，受社会关系的影响和制约。在新媒体时代背景下，当代青少年价值观发生了巨大的变化，价值观引导的内容、目标也必然要随之改变。由于价值观包含的内容特别丰富，有人生价值观、道德价值观、生命价值观、科学价值观、环境价值观和审美价值观等，价值观内容的丰富性决定着引导目标的多样性，按道理来说引导的目标应涉及方方面面，但我们这里谈论的引导目标只从价值观引导的本质层面上来研究，因此它不可能面面俱全。围绕价值观引导的本质——促进人们和谐、持续地生活，我们在这

① 王葎：《价值观教育的合法性》，北京师范大学出版社 2009 年版，第 97 页。

里提出价值观引导应该具有的目标。

米尔顿·洛基在其《人类价值之属性》一书中以态度框架为基础提出了以下价值观：舒适的生活、积极的生活、成就感、和平的世界、美丽的世界、平等、稳定的家庭、自由、幸福、和睦、成熟的爱、国家稳定、满足、救赎、自尊、社会的认可、真正的友情和智慧①。这些价值观基本上可以分为三类：舒适的生活、积极的生活、成就感、稳定的家庭、和睦、成熟的爱、满足、救赎、自尊、社会的认可、真正的友情；和平的世界、美丽的世界、国家稳定；平等、自由、幸福和智慧。

只要对以上的信息稍加分析便可发现，第一类价值观属于基础层面，是从生活层面来考察价值观引导的目标。这些目标是人作为一个人首先应该实现的东西，否则人的生存便会陷入困境和惶恐之中。青少年常常沉迷在虚拟世界中不能自拔无非反映了在现实世界中青少年缺乏一种成熟的爱、社会的认可以及真正的友情，也反映了他们不和睦的自我与他人的关系或者说无法妥当处理自我与他人的关系，而这肯定会挫伤他们积极的生活态度、成就感以及满足感。如此的后果是舒适的、和谐的生活远离了他们，对稳定、美满家庭的向往也遇到了不可逾越的障碍。相对比之下，新媒体的匿名性、互动性满足了现实世界中在他们看来那种无聊的社会关系，他们全然超脱现实世界和现实生活，成了真空的人。因此，如何在现实生活中树立普世生活价值观，这种普世价值观必须是接地气的，如果将这众多的价值观引导的基础层面的目标概括起来，那便是一种公民伦理，即在社会交往的过程中通过遵守一种伦理或者公约，交往主体之间能彼此促进对方过上舒适而和谐的生活。从付出爱到收获爱，从尊重他人到获得自尊，从认可他人到被他人认可，从解救他人到自我救赎，从满足他人到实现自我满足，积极、和睦、舒适的生活便是基于这种公民伦理。而基于这种公民伦理的重要性，青少

---

① 《当代青少年教育之三：探寻和谐社会的共同价值观》，《中国教育报》2007年2月8日第6版。

年价值观引导无疑应该将其作为重要的、不可缺少的目标。值得一提的是在新媒体信息化如此强势的时代，在当今"百度一下"的时代，与即将到来的"让机器人去干"的时代，引导、引导青少年的"核心素养"尤其重要，什么是"核心素养"？通俗点说，"核心素养"就是"知识＋能力＋情商"的集合体，且超越学科范畴，并需用人类最前沿的科普性知识，不时予以精炼与激化。总之，核心素养就是一个青少年最有用的基础素养，所谓"做什么都离不开"，它能深刻影响甚至决定一个人的格局与发展。

第二类价值观属于价值观引导目标的发展层次。作为一个公民，他（她）肯定是生活在特定的文化和国家之中的，而一个国家要维系它的存在，必定会对它的公民提出某些基本的要求，这些基本的要求对它的人民肯定是一致的，即任何国家都有一种主导的价值观，这种主导的价值观要有利于促进国家的持续存在和稳定发展。这是任何国家和社会都会提出来的对其国民发展目标的期待。同样如此，青少年价值引导的发展目标便是让他们可以共同致力于维护国家的稳定，甚至是世界的和平。具体来说，青少年价值观引导的发展目标主要包括：要引导青少年的爱国主义意识和精神、不同民族间和谐共处的观念、抵制民族分裂的意识、维护国家统一的意识；要引导青少年的集体主义意识，破除极端个人主义的神话，在个人、他人、集体和国家的关系中找到正确的立足点，而不是成为自私自利的孤独者和一切唯我独尊的狂人；要加强引导青少年的信仰教育，让他们既不至于在物质的世界中迷失，也不至于在无聊、郁闷、痛苦和失望的世界中迷失，而要让他们活在一个有信仰的世界中，即就像泰戈尔说的这样："人类永久的幸福不在于获得任何东西，而在于把自己给予比自己更伟大的东西，给予比他的个人生命更伟大的观念，即祖国的观念、人类的观念、至高神的观念。"① 这种伟大的观念便是信仰，这种信仰才可能给予人真正的幸福。

第三类价值观则属于价值观引导目标的终极层次。自由、平等、

---

① ［印度］泰戈尔：《人生的亲证》，宫静译，商务印书馆 1986 年版，第 67 页。

智慧和幸福，多少年来人们孜孜以求的无非就是这些。但有人为了追求绝对的自由最终成了自由的奴隶及其牺牲品，有人为了追求绝对的平等最终成了肤浅的代名词和实际上的孤家寡人，有人为了追求智慧却落得一个"聪明反被聪明误"的下场，至于幸福本身不仅不是每个人实际拥有，反而是多数人无法拥有。自由、平等、智慧和幸福，原本这些光彩夺目的名词，也因为人们的误解以及不恰当的追逐方式而成了某些人的灾难及其痛苦的深渊。青少年进行的一切活动最终也是为了获得智慧、自由、平等和幸福，青少年价值观引导活动也应该为了这个终极目标而展开，教会他们正确理解这些目标以及正确评价实现这些目标的各种手段。

　　总之，青少年价值观引导的目标不应是单一的、僵化的，而应该是分层次的、开放的。除了以上所谈到的这些目标，青少年价值观引导还有其他的目标，并且随着时代的变迁，其某些目标肯定也会发生改变，这主要体现在发展目标中，因为不同形式形态的国家、不同环境下的国家对公民的要求和期待是会有所不同的。但是，另一方面也应该看到，青少年价值观引导的目标并不总是变动的，其中一些方面它是永恒的。

第二节　青少年价值观引导的原则

　　价值观是人们对事物价值的观点或看法，它决定着人们对事物的是非、善恶、美丑、爱憎等问题的评判和价值取向，指导着人们的内心想法和行动，决定着人们对事物的态度和行为。价值观问题事关社会问题和社会生活秩序，同时首先是一个个体的问题，是一个个体性在社会生存的意义，是给个体生命存在提供意义和依据的问题。由于每个人是历史与现实、社会关系与个体心理多维度存在，因此，每一个个体都有其自己的成长经历和特点，虽然我们在这里不可能囊括其所有个体的共同性，也不可能对每一个个体进行简单的价值诊断，然后开出药方或者给出方法，但我们可以揭示，明晰价值观引导的相关特性与原则，从而给青少年提供把握人生的依据。

价值观引导原则就是在进行价值观引导的过程中要遵循的基本原则和要求。它在价值观引导的全过程中起着指导作用，规定着价值观引导目标的取向、引导内容的选择、引导方法的运用和引导效果的评价等导向和规范作用。

一 科学性与方向性相结合的原则

价值观引导的科学性原则就是强调价值观引导贯穿的真理性、规律性。它遵循价值观引导自身具有的科学规律，与形形色色的引导、教育等有区别。因此，它既不能由引导、教育来取代，也不能用其他规律和方法来取代。价值观引导的科学性从青少年角度而言，就是要牢牢把握青少年的特点（兴趣、爱好、性格）、成长规律。一般来说，青少年的成长过程经历过五个阶段，幼儿阶段—小学阶段—初中阶段—高中阶段—大学阶段，每个阶段、每个过程、每个方面都有其不同的特点和规律，同时，由于青少年的每个个体存在差异，引导中必须因人而异，具体个体具体分析，不能简单地一概而论，更不能生搬硬套。这就要求每一个教育者、每一个家长必须熟悉、了解和掌握好价值观引导规律，在引导实践中做到游刃有余、引导有力。

价值观引导的方向性，实际上是青少年价值观引导的思想性、价值性和合理性。社会主义价值观引导，只能坚持社会主义、集体主义的价值取向，坚持爱祖国、爱人民的价值取向，这是青少年价值观引导的思想性，是青少年价值观引导的灵魂。青少年成长过程中，需要学校、家庭和社会等多方面的引导，学校不仅仅传播知识，更重要的是传递思想和正能量，俗话说根正苗红就是这个道理。家庭不仅仅提供良好的成长环境，家长还必须发挥榜样的作用，保持每一个行为每一个举止带动和影响青少年，不断地给青少年传递如何做人，如何在这个社会中做好人。社会必须给青少年提供一个温馨的、和谐的成长环境。这些方面都体现引导的价值性和合理性。

青少年价值观引导的科学性原则和方向性原则具有辩证的统一性。没有科学性，就谈不上正确的方向性；同样，没有正确的方向

性，也就失去了任何的科学性。我们要求的是价值观引导的科学性
与方向性的有机结合。

青少年价值观引导坚持正面引导为主的原则，就体现了科学性
原则与方向性原则的结合。正面引导为主，就是正面引导和说服教
育为主，强调在引导的过程中坚持必要的灌输，同时坚持根据青少
年自身的成长规律和特点进行正面的疏导，表扬优点与批评缺点、
肯定正确与否定错误相结合，促使引导对象积极主动地克服消极因
素、发扬积极因素。正面引导为主的原则在内容方面体现了灌输思
想、道德和观念。由于青少年自身的特点决定了他们在思想和行为
等方面不自发产生，不自觉的思想和行为在实践中常常发生。因此，
灌输对于青少年来说是有必要的。当然，灌输是引导过程的本质，
而不是一种具体做法，更不意味着填鸭式、死记硬背、简单生硬的
做法。

从青少年价值观引导的规律来说，正面引导为主体现了对绝大
多数引导对象的信任和尊重，有利于调动青少年的积极性，为价值
观引导增加了动力。在青少年的成长过程中，青少年身上蕴藏着极
大的积极性和接受价值观引导的主动性，只要引导得当，就能焕发
出极大的热情。在引导过程中，充分肯定引导对象的优点和成绩，
以正面鼓励为主，同时指出存在的问题，就能激发引导对象的自信
心和高昂的情绪，有利于思想的转化和提升，这本身体现了实事求
是的科学态度和价值观引导自身的规律，又坚持了正确的方向。

二　疏与导相结合的原则

新媒体背景下的青少年价值观引导的实践，必须坚持疏与导相
结合的原则。疏，就是疏通。以相信青少年、依靠青少年为出发点，
放手让青少年的各种想法和意见充分地表达出来，经过观察和研究，
作出引导决策。导，就是引导。就是在疏通的基础上对正确的想法
和意见，旗帜鲜明地表示肯定和支持，促进其进一步发展；同时，
对于错误的想法和意见，通过平等、民主讨论，说服教育、批评与
自我批评的方法，以理服人，化消极因素为积极因素。

　　疏通与引导的关系是密切联系、不可分割的关系。可以说，疏通是解决问题的前提，是引导的必要准备；引导是疏通的必然继续，是疏通的目的所在。如果不遵循疏通的原则，青少年的错误思想、想法和意见就具有隐蔽性，问题没有暴露出来，正确与错误的迹象不清，引导就没有根据。相反，如果没有引导，青少年显示出来的思想、想法和意见任其发展，错误的思想、想法和意见得不到纠正，就会泛滥开来，不好收拾；正确的思想、想法和意见得不到支持和鼓励，缺少外部的促进作用而不能带动青少年向着正确的方向发展。因此，在青少年价值观引导实践中，必须又疏又导，疏导结合。

　　疏与导结合的原则必须辩证地加以把握，不能走向极端。疏通原则的反面是堵塞和压制。这种做法就是不让青少年讲话，压制批评，堵塞言路，这是一种封闭式思维方式的表现。这种做法的原因之一可能是对现实中青少年的思想、想法和意见问题作出错误的估计，把性质估计得过重，把范围估计得太大。采取这种方法解决问题，就会简单粗暴、随意上纲、滥用权力、以势压人、急躁慌乱。这种做法的原因之二，就是面对本来比较简单的问题复杂化，使问题变成更加神秘而捉摸不定，无底细的引导处于无用状态。

　　疏通的原则走向极端就是"只疏不导"，放任自流。有这种倾向的教育者或者家长，往往歪曲引导的本质，片面地强调"思想自由、行为自由"，对青少年的错误思想、想法和意见视而不见，听而不闻，不分是非。有这种倾向的教育者或者家长，往往以"开明者"自居，似乎他的引导思想比任何人都更加"现代"和"开放"。这种主张会危害青少年价值观的引导。

　　总之，只"疏"不"导"，就会失去正确的方向；只"导"不"疏"，就会没有引导的根据，没有引导的条件，使引导成为空谈，失去了价值观引导的意义。在青少年价值观引导过程中坚持疏导的原则，必须创造一定条件。

　　首先，要营造轻松活跃的环境氛围，广开言路，使青少年畅所欲言。这样，才能使引导者了解实际情况，进而保证正确的思想、想法和意见得到青少年的接受和认可，错误的思想、想法和意见得到纠正和引导。

其次，要平等对待青少年朋友，引导者和被引导者互相尊重，互相理解和谐相处。对待原则性和方向性的问题，引导者必须坚持原则；但要耐心听取青少年的意见和说明，更深刻地理解和把握青少年的心声，找到更加合适的具体引导办法和引导角度。

再次，在对青少年价值观引导过程中，不迁就青少年错误的思想、想法和意见，不放弃批评和自我批评的武器。在这里值得注意的是，批评不能等同于"整人"或"打棍子"，而是对引导对象有诚意、负责任的表现。在疏导的过程中，允许批评，也允许反批评，允许申辩，尤其需要诚意的自我批评。

最后，引导为主，惩罚为辅。对犯有错误的青少年来说，要本着"惩前毖后，治病救人"的方针，在对其引导的同时执行必要的处罚。只要不是坚持不改，就要耐心说服引导，欢迎他们改正。对于少数屡教不改的青少年，要视其实际情况，采取必要的惩罚措施，但是，惩罚的同时或者过后，归根到底还是要进行说服引导和教育，疏导的原则仍然是有意义的。

在新媒体背景下，不能将价值观理解成绝对的单一或者绝对的多元。在人生的某些阶段和某些层面需要个人的价值观发挥其作用，而在另外一些场合则需要一种公共的价值观来消解矛盾、冲突，实现共同的利益。除此之外，在这个新媒体的时代中，青少年价值观引导还应解决一个全球性和国度性的问题。否则，价值观引导就是一句空话，也必定走入盲从的境地，最后以失败告终。而这就是说价值观引导需要把握的原则。具体来说，主要包括以下两个原则。

三　主导性和多样性相统一的原则

这是涉及选择引导具体内容的重要原则。坚持引导的主导性和多样性相结合的原则，是克服引导内容单一化、简单化，缺少针对性和层次性的弊病，把主导内容的方向性与针对丰富多彩的现实生活和思想特点的灵活性相结合的方法。

引导内容的主导性，是指引导内容要体现价值观引导的方向和性质，在青少年价值观引导中起主导作用。体现价值观主导性的内容，是一个系统的理论体系，它反映了统治阶级意志和社会的主导价值取向。由于一定的社会意识形态总是与其他社会的各种思想并存、渗透，媒体声音、网络人群、社会人群的思想不可能简单划一，在各种各样的价值观铺天盖地朝我们奔来的时候，我们既不能在其多样性、多元化的外表下迷失自我，也不能因此噤若寒蝉而选择那种绝对地统一或者强制实行一元化。引导内容就要多样化。所以，主导性原则又必须与多样性的现实相结合，两者不可缺一。

价值观引导内容的主导性要求包括：

第一，在意识形态领域要引导青少年坚持和维护社会主义意识形态的主导地位。我们生活在新媒体社会时代，各种各样的网络媒体信息和文化每时每刻冲击着我们的神经，形形色色的思想和观念吸引着我们的青少年一代，西方的资产阶级的意识形态无孔不入地进入青少年的思想领域，在青少年思想当中产生一定的影响。媒体、网络和各种文化信息以变换着的新形态和新形式潜移默化地动摇着青少年的思想意识和观念，它们在网络上以各种图片、视频、动漫画和文字等文化毒品煽动着青少年，歪曲社会主义的本质，企图以和平演变的方式改变我们下一代对社会主义的看法和思想。由于青少年自身社会阅历的缺乏、文化视野狭窄、容易接受新思想新观念，极容易受到网络媒体和信息文化的感染，思想防线脆弱，对网络、媒体和信息文化出现的矛盾和冲突难以辨别和缺乏分析判断能力。在这种情况下，必须旗帜鲜明地坚持价值观主导性的引导原则，坚持社会主义意识形态的主导地位。否则，就很容易迷失方向。

第二，坚持爱国主义、集体主义、社会主义引导的主旋律。主旋律引导，是价值观引导的重点。只有坚持这个重点内容，才能让我们的下一代有效地扛起社会主义旗帜，增强青少年社会主义现代化建设的热情和积极性。社会主义现代化建设不是一代人就能完成的事业，也不是一朝一夕的事业，它需要几代人的努力和奋斗才能取得辉煌成就，这就需要青少年不断沿着社会主义道路前进。在价值观引导过程中，不能以其他教育代替或冲击主旋律引导；也不能把主旋律引导与其他教育并列起来，只有这样才能突出主旋律引导。

第三，突出以为人民服务、乐于奉献为核心的人生价值观引导。为人民服务是共产党人的宗旨，是与社会主义的要求相匹配的价值观。引导青少年为人民服务、乐于奉献，使青少年有正确的精神支撑，否则，就等于没有灵魂。

主导性的这些层次的内容是密切相连、相互渗透的体系，只有把握了这些要求，才能真正坚持价值观引导内容的主导性。

价值观引导内容的多样性就是要根据青少年的要求，丰富和发展主导性的要求，更好地配合和发挥主导性的作用，多样性的要求包括以下内容：

第一，内容选择的多样性。这包括与主导性内容相关、相容的其他必要的辅助引导内容。比如，中国优秀传统文化、国外优秀文化作品、国外先进思想家和学者的成果，中国革命和社会主义建设典型事例。在引导实践中，还可以利用网络媒体，开展青少年服务和志愿者活动等。这些内容，与针对性内容配合起来，充实各方面的思想营养，有利于更好地进行价值观引导。

第二，针对不同层次青少年和引导环境实施引导内容的灵活性。这是从引导对象的具体情况出发，有效实施价值观引导的原则。矛盾的特殊性告诉我们，世界上不存在任何两个相同的事物。因此，青少年价值观引导存在着个体差异性是绝对的。由于青少年成长环境、家庭环境和个体不同的性格、不同的特点，受教育学校的差异，受引导的青少年群体的思想、观念实际是划分为不同层次的。由于青少年成长必须经历过小学、初中、高中和大学四个教育过程，每一个过程和每一个阶段接受的教育不同且各有其特点，对事物的认知上也各有其不同的层次。因此，价值观引导必须针对引导对象的不同阶段、不同层次和个体差异，选择不同的引导内容和方法，才能取得理想的引导效果。正确认识引导对象的层次性，是实施青少年价值观引导针对性的前提。选择引导内容的灵活性，是防止价值观引导一般化、表面化、形式化，做到有效性的关键环节。在新媒体时代背景下，今天的青少年的信息渠道来源多元化，庞杂的文化和信息需要我们帮助他们选择、辨别和引导，这需要价值观引导跟上时代的步伐，以更加多样性的内容，增强引导的针对性和实效性。

把引导内容的主导性和多样性结合起来，有以下几个方面的要求：

首先，要坚持主导性前提下的多样性。在选择价值观引导内容的时候，主导性是前提，是根本。在主导性的问题上要有坚定性、一贯性。不能把多样性理解为朝令夕改、变幻莫测、随意而定，而是为了更好地贯彻主导性的灵活性，体现引导的针对性和准确性，另外，抛弃多样性，就会使我们的引导抽象、单调。

其次，要坚持多样性之中的主导性。价值观引导的内容，随着时代的发展和科学技术的发展，日益丰富多彩，选择余地越来越大。但不能忘记采取多样性的选择，目的是更好地体现主导性。在涉及价值观引导的方向性、思想性方面，必须遵循和体现主导性的要求。改革开放以来，人们顾及经济方面的发展，追求 GDP，埋没了对青少年价值观的引导。在当今新媒体时代，在青少年价值观引导方面虽然引起人们的关注和重视，但缺乏引导的思路和方法，在引导实践过程中把主导性和多样性混为一谈，我们应该防止这种情况。

四　引导和自我引导相结合的原则

引导与自我引导相结合的原则，就是在青少年价值观引导实践过程中，既注重发挥引导者的主导作用，又注重发挥引导对象的能动作用，将引导与自我引导有机地统一起来的原则。

所谓引导，就是引导者通过自己的言行，把一定的思想、观念和意见、道德体系、思想体系转化带动为引导对象的自觉行动的实践活动。所谓自我引导，就是引导对象自己觉悟自己，自觉接受积极的影响，完善自己的思想观念和个性特点的活动。

引导与自我引导是互相联系、互相促进的两个方面。一方面，青少年价值观引导必须靠学校、家庭和社会；另一方面，青少年价值观引导的效果，最终还是要通过青少年自身的思想、观念矛盾运动来实现。引导对于青少年价值观来说只是外因，自我引导才是青少年价值观的内因。

引导者的作用是提供一个良好的外部环境和条件，把引导的内容通过适当的方法传授给引导对象。青少年的自我引导意识和自我引导的能力，需要在引导者的影响下形成和发展。所以，引导者提供给青少年自我引导的起点和动力，决定着自我引导的氛围和导向。在一个良好的浓厚的环境氛围中，青少年自我引导的能动性也会增强；在一个引导淡化的氛围里，青少年的自我引导的功能会削弱。

自我引导是衡量引导是否有效的一个标志，又是青少年价值观引导的最终归宿。自我引导就是青少年通过自己反省、反思、自我修养、自我提高的途径，提高自己对事物的分析和辨别能力；通过自我约束、自我控制和自我管理途径，通过自身把握自己正确方向的能力。在新媒体背景下，青少年自我引导仍然具有重要的现实意义。

当今，自我引导尤其重要，这与青少年的主体性的加强有关。今天的时代是新媒体网络时代，青少年的主体性弱化或者丧失成了一个突出的普遍现象，信息的多元化、文化的多元化、价值观的多元化，青少年的选择性加大了，对自我引导自教自律提出了更高的要求。

引导与自我引导的结合，就是既重视由外部进行灌输的学校、家庭和社会教育和引导，又重视内省修养的自我教育和引导，从内外两个方面实现对青少年价值观引导的目的。在引导的过程中，引导者和被引导者的关系是互动的，引导者必须从这一基本事实出发，确立正确的原则方法，才能取得引导的效果。在新媒体社会，只有尊重青少年的人格，平等对话，才能产生思想交流，才能吸引青少年思想上的积极参与，才能不断听取到青少年的内心思想和观点，才能把握到青少年内心世界。这样，才能调动引导者与受引导者两个方面的积极性，建立一种民主、平等、互相尊重的新型关系，从而增强受引导者主动性，达到理想的引导效果。

坚持引导与自我引导的结合，就要做到：

第一，要充分发挥引导者的主导作用。要防止和反对"自发论"

和"取消论"。在新媒体社会,科学技术的快速发展现实对青少年价值观引导提出了更高的要求。引导者必须充分认识自己的责任感和使命感,提高自身的全面素质。引导者必须学习再学习,熟悉和掌握新媒体技术,提高自己的媒介素养,只有引导者以身作则,率先垂范,就会增加引导者的人格魅力,无声的示范引导,才是最好的引导。

第二,要善于启发引导,提高受引导者自我引导的主动性和积极性,引导受引导者的自我引导能力。这就要引导他们把兴趣爱好转移到书本学习上,积极投身社会实践,强化自我控制和自我调节的能力。

第三,以媒介网络为平台,传播正能量,树立良好的新媒体社会风气,使被引导者受到感染。只有形成强大的舆论力量,才能培育一种健康气氛主导的环境,才能结成健康向上的集体。良好的舆论和网络环境,是一股无形的力量,使积极因素更加发扬光大,使消极因素受到谴责和约制。

第八章　新媒体对青少年价值观形成规律的考察

　　在揭示了青少年价值观引导的立足点和原则的基础上，为保证价值观引导目标的实现，促进青少年的健康成长，我们必须探讨个体青少年成长过程中价值观的形成和发展规律。应该说，青少年个体价值观的形成每一个过程都有其自身的特点，每一个阶段都有自身的规律性，他们的形成与变化既有自身的主观心理因素，又受到客观的社会环境所影响，个体价值观是在意识与文化的无意识的循环往复过程中形成和发展的。

第一节　青少年个体价值观形成的过程与阶段

　　青少年价值观是随着个体意识的产生而形成的，是每一个个体与社会的客观环境相互作用、相互影响所形成的，每一个活生生的个体都有其心理活动，这种心理活动就是人的大脑对外部世界及事物的反射作用，使个体对事物有了积极主观反映，形成个体主观心理，而个体主观心理活动是与社会的不断相互作用而获得其认识的，形成个体意识，因此，它是受到社会关系制约的。有了个体意识，就逐步形成个体价值观，每个个体，由于他们在社会关系中所处在的地位不同，因而个体意识也就不同，个体价值观也就不同。

一　个体意识的产生与价值观形成的一般过程

　　每一个个体意识是伴随着人的生命活动和发展规律而产生的。

一个刚刚出生的婴儿，在母体的呵护下，不断地喂给食物，满足生命本能的需要，母体对其生活起居的无微不至的照料，作为生命的个体，他只有无意识的感知活动，随着时间的推移，个体的逐渐成长，无意识的感知慢慢地发展为知觉，并对其周围的人、物、环境形成若干复杂的知觉，但这时仍然没有形成意识。个体意识的最初萌芽是从个体能分辨自己与外界东西的区别开始的。借助语言表达自己的要求和愿望，可谓由无意识到意识的质的飞跃。以后，随着求知欲的增强，个体总是试图自己去探索和操纵环境，逐渐形成了意识心理，同时，个体通过语言从周围看到的事物出发表达自己的意向心理。当个体意识形成后，置身于社会关系的个体，逐渐地受到家庭关系和社会关系行为模式的影响，并对其进行教化，使其成为符合该家庭或社会的成员，懂得什么是对，什么是错，什么可以做，什么不可以做，个体逐渐接受成人已有的意向倾向。当个体成长到上学后，随着系统的学习和交往的扩大，逐步掌握了文化基础知识和道德、伦理、法律等知识，逐步地适应学校乃至社会的规章制度和行为规范，并逐渐内化为自己的个体意识和行为习惯，再往后，伴随着个体年龄的增加和文化知识的增长、社会阅历的增强，对人生、对事物作出价值评价，并形成自己的价值目标，这标志着个体价值观的形成。

二 个体价值观形成是一个知、情、意、行的矛盾运动过程

个体价值观形成实际上是个体在社会实践中不断认识、不断磨炼、不断调整的过程，它的形成是一个充满着知、情、意、行的矛盾运动过程。从大阶段可分为：价值观实现的知和行两个阶段。价值观的形成过程也就是对人生的认识以及把这种认识提升为价值目标，并为实现目标而作出的人生道路的选择和人生实践的过程。两者不一定是同步的。其间还包括以人生为核心的情感、意志等心理因素。青少年个体价值观形成由于某个阶段、某种事物认识程度和认识水平不同，常常处在一个动态的状态，因而这四个方面是互相联系、互相依赖、互相影响的关系。知，就是感知，个体对社会及

事物的认识，认识程度是在感性层面还是理性层面，它是价值观形成的核心和前提；情，就是情感，个体对客观事物态度和内心体验；意，就是意志，个体对自己行为自觉的调节，克服困难，以实现预定目的的心理过程；行，就是行为，个体履行的人生实践，为达到价值目标而奋斗的过程。

1. 价值目标的认识和确立

个体价值目标的确立，是基于个体对人生认识的基础上，从而作出对人生意义的认识和评价，并解决人的行动是为了什么，确定人生的理想。青少年在对人生的认识，从来源上看受三方面的影响，一是家庭文化，家庭文化包括父母文化程度、父母对子女的教育方法方式、父母的为人处世、家庭文化氛围、家庭社会关系等，家庭文化对个体价值目标有直接的关系和直接的影响。二是学校文化，学校文化是引导个体青少年树立价值观的主渠道和主阵地，学校的教师的教育和引导、教师的行为道德、学校的各项规章制度、学校的环境熏陶等构成的文化，直接影响到个体青少年对人生的认识，所以，学校是否把德育真正放在首位，对个体青少年的人生价值目标起到关键作用。三是社会文化，社会文化最为复杂，而且内容特别广泛，它包括政治、经济、法律、宗教、大众传媒、风俗习惯等方面。社会文化的优劣，对青少年价值观的导向和价值观判断起到影响作用。在社会文化中，有的是催人向上的积极因素，有的是诱人堕落的消极因素，这些复杂的文化随时都会影响个体对人生的认识，左右个体青少年价值目标的确立。四是虚拟文化，客观方面说我们处在新媒体时代，主观上出生或生长在网络时代的青少年，虚拟文化对他们的影响是最为深刻和持久的。网络时代给青少年开辟了丰富多彩的文化交流平台，虚拟的空间、虚拟的平台以及虚拟的文化，夹杂着五颜六色的文化，既有积极的又有消极的文化，既有先进的又有落后的文化，不言而喻，对于长期浸泡在网络同时处在社会化过程中的青少年来说，其影响是巨大的。

个体价值目标确立过程是对社会的认识开始，大约从少年向青年转化的时期。最初对社会的认识往往受到与自身有直接联系的生活实践的影响，如家庭，家庭是社会的细胞，从家庭的经济、文化以及家庭在社会中所处的地位、家庭与社会相互联系的事件等，再如涉及个人升学、就业及选择、涉及自己的前途等问题，从而逐步关注社会、认识社会。随着年龄的增长，生活范围的扩大，知识的逐步积累和知识面的扩大，对社会的认识不仅仅停留在碎片化的事件，而是能够从社会的若干事件联系起来，并从现象深入到本质上的分析来思考社会、分析社会，进一步地认识社会。这种对社会认识的深化，往往是个体青少年形成科学人生价值的认识基础。

需要指出的是，个体青少年对社会的认识仅仅是为价值目标的形成和确立提供必要的认识基础，而要使价值目标真正确立起来还需要将对社会的认识引申到个体对社会生活意义的认识和对自己生活意义的认识，并将这两方面的认识结合起来。换句话说，个体才能认识到"人的行动是为了什么"的问题。

2. 价值手段的选择和实现

价值手段是价值目标的实现表现，是实现价值观的保证，为了实现价值目标，个体青少年需要对多种手段加以比较分析，选择最佳手段。人的一生，处在各种各样的关系与矛盾中，如何解决这些矛盾，往往需要个体作出自己的选择。个体青少年在选择过程中，往往处在选择性与非选择性的矛盾之中，如果把选择性表达为人的主动性、主观性、创造性，那么非选择性则表达为被动性、条件性。因此，价值手段的选择就是选择性与非选择性、主观与客观、被动与主动的有机统一中完成的。随着个体青少年选择的展开，个体选择又蕴含着普遍存在的矛盾，那就是可能性与现实性、必然性与偶然性、一与多、直线与曲线的矛盾，而这些矛盾的运动变化，又会来自家庭、学校、社会及同伴群体特殊矛盾的影响，要实现价值目标手段，从个体角度来说，在某种意义上取决于主体能动性发挥的程度，而主体能动性的发挥关键在于个体的情感和意志，情感是对人生态度的体验，当个体青少年得到需要（物质的或者是精神）上的满足时就引起积极的肯定的情感；反之，就会引起消极的否定的情感。在日常生活中，个体如果经常体验到肯定情感时，就会使个体产生对生活的积极意义的认识，个体就会持乐观的、积极的态度面对人生过程所遇到的各种选择和矛盾，而具有坚强意志的个体，才能排除和克服人生征途上的困难和矛盾，才能在把握和理解社会发展规律中把社会需要与个人需要结合起来，才能实现"人怎样行动"的问题。

3. 价值评价的变化和形成

价值评价是价值观的重要方面，它对青少年价值观的确立、维持或改变以及相应的社会态度和行为起着调控的作用，个体青少年在实际生活中，依据一定的标准，对他人或自己同社会的行为关系作出有无意义的判断，表明褒贬态度。价值评价不是一个人与生俱来的，它必须在主体对人生意义达到一定认识，价值目标比较明确，也就是价值观形成并相对稳定时，而作出对外部世界的各种事物和现象评价。在幼儿阶段，个体本能地受父母或幼儿教师提供的辨别事物的美、丑、善、恶的价值标准，模仿成人的教化对客观世界及事物的评价，少年儿童时期开始有着对客观事物作出评价的肤浅看法，但这些价值评价，不是通过主体的自我意识而形成，而是从家庭、学校教育或书本上获得的，因而是零碎的、表面的。主体对客观事物价值、意义、功用的认识，缺乏主体意识，往往是长辈价值评价的模仿，没有打上"我"的烙印。进入青年期，心理迅速发展，自我意识增强，情感不断丰富，知识面不断扩大，思维迅速发展，主体有了自我体验，以及自我观察，自我评价的意识，意识到自我存在，自我的力量。自我意识的出现和增强，引起了主体的沉思，反省，开始思考人生。自我意识的增强，使得主体更主动地、独立地从自己对事物的认识中去作出价值判断和选择，而作出"人的行动有无意义和意义大小"的判断。

综上所述，价值目标、价值手段、价值评价构成价值观的统一整体，而整体中的每一个方面都蕴含着个体青少年的人生认识、人生情感、人生意志，到转化为人生评价的过程。一般来说，对人生认识是价值观形成过程的基本发端，是对人生情感和对人生意志形成认识的根据，是个体参与人生评价的认识基础；而人生情感的形成对价值观形成过程起强化作用，是价值观形成的内部支柱与动力；人生意志则对价值观形成起着坚持和促进作用；而人生评价既是前提，又是个体青少年价值观的综合反映，是衡量人们的价值观科学与否的重要标志，观察个体青少年是否具有正确的价值观，不仅要看他对人生的认识，对人生的情感、对人生的意志，更重要的是看他如何实践人生、评价人生，对人生及事物具有科学的评价标准。

第二节　青少年价值观形成与变化的必然性与偶然性

任何个体价值观的形成都是一个复杂的过程，需要一定的主观因素和客观条件。前面我们从青少年个体主观心理因素角度探讨青少年价值观的形成，而每一个青少年的成长也离不开客观的条件，因为人的本质是各种社会关系的总和，人的思想是社会存在的主观反映。正如马克思和恩格斯所强调的"意识在任何时候都只能是被意识到了的存在"，而人们的存在就是他们的现实生活过程。"甚至人们头脑中的模糊幻想也是他们的可以通过经验来确认的、与物质前提相联系的物质生活过程的必然升华。"[1] 人的思想观念是社会存在的反映，又随着社会存在的发展而发展。与青少年价值观形成相关的社会存在就是社会的客观环境，它决定着青少年价值观的形成和发展，这就是青少年价值观形成与变化的必然性。

从社会客观环境与青少年的成长联系来看，可分为宏观环境、中观环境和微观环境。这里的宏观环境，又称为大环境，主要是指占统治地位的经济、政治、文化和社会心理，是影响人的思想行为的社会环境或国际环境。中观环境是指影响具体个人思想行为的特殊阶段与其重要背景，包括个体必然经历的家庭、同伴群体、学校等因素和对个体的思想和行为产生广泛影响的大众传媒、国际互联网等因素。微观环境又称为小环境，一般是指与个体的活动直接相

---

① 《马克思恩格斯选集》第 1 卷，人民出版社 1995 年版，第 72—73 页。

关的局部环境等因素，比如儿童生活的家庭、个体生活的学校等。宏观环境一般不以直接方式与个体相联系，对个体青少年思想行为的影响是通过微观环境实现，微观环境直接影响个体的价值观的形成，在微观环境中，个体成长的家庭，家庭成员的文化程度、整体素质、思想道德水平；学校的思想道德教育、校风、学风等状况，对个体青少年价值观形成起决定的影响作用。其中家庭环境具有原初性影响，学校环境的影响具有中继性。在新媒体时代，计算机、智能手机和智能电视的普及使用，互联网技术的普及和发展，社区环境和大众传媒成为宏观环境和微观环境的中介系统。在这个系统中，个体青少年在享受着虚拟世界带来了乐趣的同时，也不同程度地受到虚拟文化的影响，有先进的文化，也有落后的文化，有积极的文化，也有消极的文化，模棱两可的文化混淆了价值目标和价值评价标准，直接影响到个体青少年的价值观。

青少年价值观的形成是一个复杂的过程，要使价值观稳固需要较长的时间，价值观虽然是个体一种较为稳定的自我心理倾向，但它与其他事物一样，处在动态之中，它会随着青少年成长过程中所遇到的社会环境、生活条件和个体所受教育的不同程度的变化而变化，所以具有偶然性。一是它具有不确定性。在成长的过程中，总会受到各种因素的影响，特别是在新媒体背景下，如网络文化、影视文化和各种非主流文化等，各种各样的文化都有其自身的特点和对事物认识的差异，甚至对同一事物存在着不同的评价标准，这些没有客观标准评价的文化，在个体青少年面前很容易产生对事物认识上的混乱，事物的美、丑、善、恶的区分导向不清晰，在人生的思想认识上困惑和迷茫，个体青少年在具体的人生实践中，容易产生行为的扭曲和行为的不端正。二是不可预料性。在虚拟社会中，可预见的和不可预见的各种各样的事件的发生和出现，如政治事件、经济事件、文化事件，都使青少年价值观发生变化，特别是他们每天所看见的和听见的发生在身边的事件，如见义勇为、勇斗歹徒、抢险救火等与生活息息相关的事件，而对这些事件的褒贬不一的评价，都会使个体青少年重新评估和思考价值认识，从而确立自己的价值观，这些往往都是难以预料的。三是突发性。我们知道，青少年处在长身体、长知识，生理的成熟与心理的不成熟，心理上的独立与依赖性、自觉性与盲目性相互交错，他们大脑神经机能兴奋性要比抑制性强，因此，接受新奇的东西比较快，思想上极容易受感染，行为上容易被模仿，在具体的学习生活当中，一旦碰到挫折或者不顺心，或者遇到不良的青少年或群体，往往经受不住诱惑，作出不轨的行为，有的还走向违法犯罪的道路。

　　总之，由于客观环境和主观精神状态的变化，青少年价值观发生较大变化的情况是经常发生的，而它的形成和变化的必然与偶然是既对立又统一的。价值观形成既包含着必然性，也包含着偶然性，必然性通过偶然性表现出来，偶然性是必然性的补充，从而使得价值观的形成逐步完善。认识青少年价值观形成过程中的这种必然性和偶然性及其关系的目的，在于既要善于透过影响价值观形成的大量偶然因素，而从必然性上去认识和把握青少年的价值观，又要充分估计到各种偶然因素，做好应对突然变化的思想准备，促使青少年树立科学的价值观。

第三节　引导在意识与文化无意识中的反复

　　我们知道，青少年个体价值观形成是个体意识上升到自我意识的过程，在个体意识阶段，经历过婴儿的无意识到儿童期的有意识，再经受文化的熏陶和训练，达到文化无意识状态。"文化无意识"是由于高度熟练和习惯而使个体的思维、行动具有的不可意识性，它是后天的文化产物。当个体的行为达到文化无意识的境地时，意味着个体已将某种观念内化为自觉的行动，使个体的意识进入到一个新的境界和高度。

　　那么，文化无意识是怎样形成的呢？个体青少年的成长是一个社会化的过程，社会化过程其实是一个文化影响的过程，生活在一定文化环境的个体，潜移默化地受其文化元素、文化氛围的熏陶，久而久之在个体心理上形成一种文化的心理积淀，文化无意识就是这种心理积淀物。文化的心理积淀是一种自觉与不自觉的过程。在引导个体青少年价值观过程中，在家庭文化、学校文化、社会文化和媒介文化的影响下，通过不断的学习，适应了风俗习惯，掌握了社会和伦理道德规范，在心理中自觉地形成特定文化积淀。但也存在这样的情况，个体青少年并没有想到要有意识地去学习和掌握一些规范，而事实上不知不觉地接受了他们环境中的文化。所以，心理积淀就是一个自觉和不自觉的过程。

在当今新媒体时代，各种各样的媒介文化既丰富又庞杂，每时每刻不断更新的信息，带着纷繁复杂的文雅的或者粗野的文化气息呈现在青少年面前。在媒介文化当中，各种文化相互渗透、相互影响，文化的多样性造就了文化环境的复杂性，既有引领社会进步的先进文化，又有阻碍社会进步的落后文化；既有催人上进的文化，又有使人堕落的文化，各种各样的文化都会不可避免地从不同的侧面对青少年价值观引导产生影响。从而作为心理积淀的文化无意识也必然有积极的与消极的两重性。积极的文化无意识对青少年价值观引导不自觉地产生积极影响，消极的文化无意识对青少年价值观引导不自觉地产生消极影响。文化无意识的积极和消极的影响，都会使个体青少年在心理上造成特定的倾向性。他们爱好什么，追求什么，向往什么，以及以什么样的行为方式对待社会，以什么样的方法处理事务及在他身边发生的事情，都会带来特定的心理倾向性，这就是个体意识倾向，个体意识与价值观的形成往往是同步的。因此，在新媒体背景下，在媒介文化中，应唱响社会主义核心价值观的主旋律，弘扬优秀的传统文化，倡导符合社会发展规律的积极的、进步的文化，为青少年的每个阶段的健康成长创造一个良好的文化氛围。

第四节　个体文化氛围与集体文化氛围的引导合力

文化是一种精神，文化是一种力量，良好的文化环境给人以积极向上的精神，落后的文化环境使人颓废。个体青少年总是在一定的文化环境和文化氛围影响下成长，既有个体文化氛围，又有集体文化氛围，个体价值观的形成是个体文化氛围与集体文化氛围的引导合力。我们这里所说的个体文化氛围就是指个体直接生活的，直接接触的家庭、网络社团，集体文化氛围是指个体间接或直接接触的学校、社区、大众传媒等社会文化。个体文化氛围对青少年价值观影响是明显的，它是无计划、自发的，而集体文化对青少年价值观影响是潜移默化的，它一般是有组织、有计划、有目的的引导。无论哪种文化氛围都对个体青少年价值观产生直接或间接的影响。

个体文化氛围与集体文化氛围呈现出比较复杂的情况，这种情况是因为文化与文化及文化的各个方面是相互影响、相互渗透、相互交错，从而形成了文化的影响力和文化的感染力，也就是文化氛围。个体文化氛围与集体文化氛围往往出现一致和不一致的情况，如果个体文化与集体文化氛围在引导内容、引导目标上达到一致或基本一致时，而且各自都能充分发挥自身的作用，相互有机联系和最佳配合，产生综合效果，那么个体青少年就会有比较明确的、科学的价值目标和价值方向，个体就能逐步地掌握对事物的科学评价，个体就会沿着正确的科学的人生观价值观方向发展。如果个体文化氛围与集体文化氛围都有各自不同的引导内容和引导目标，或者出现部分的引导内容和引导目标不一致时，就会引起个体思想困惑和迷茫、价值迷失、价值观混乱。个体文化氛围和集体文化氛围的一致性和不一致性，就是我们这里所说的引导合力。所谓引导合力就是在一定时期内和一定的社会环境下，个体文化和集体文化氛围影响对个体所产生的综合作用。引导的合力不同，作用也就不一样，对个体青少年价值观形成的影响也就产生差异。

一　个体文化氛围与引导的合力

1. 家庭

新媒体改变生活，改变着家庭文化引导的方法方式。以往的家庭引导主要是面对面的沟通和交流，以谈心的方式对子女的正确和错误思想、观念和行为进行引导和纠正。在新媒体时代，家庭引导模式已经发生了改变，家庭引导走向研究平民化、常态化、丰富化、多元化，家庭引导突出引导的开放性、引导平台的平等性和引导的创意性的特点。新媒体改变了报刊、广播、电视等传统媒体形态。新媒体传播因其传播方式的高度自主性、广泛参与性、去中心化的互动性等特点，使每一个家庭参与到信息的制作和传播过程中，给家庭带来了新的虚拟生活方式。家庭引导同样也可以在新媒体下实现。

　　然而，面对新媒体，第一，家长的知识权威性受到了现代传媒的挑战。家长是孩子的第一任老师，老师的知识老化，没有更新新的知识，会受到学生的质疑或者反驳，长期下去，老师在学生面前会失去权威。在家庭里，家长作为老师，家庭文化影响就会失去意义。现代传媒技术的迅猛发展，吻合了出生在网络时代的孩子，作为新媒体的弄潮儿，他们不仅仅能够以最快的速度掌握新媒体技术，而且以独特的方式捕捉新的信息和文化。网络成长中的青少年认识到的文化宽度和视野超出了成年人，他们的认识面广、信息来源多、文化多元化，但免疫力弱、辨别力和价值判断力缺乏，需要家长在世界观、人生观和价值观上引导，需要家长解释世界、解释知识，解释文化。出生在不同年代的父母们往往在新媒体面前由于他们的知识老化等原因显得束手无策，失去了对孩子的辅导功能，父母们惯用传统的思想、观念来引导孩子，在媒介文化面前却无能为力，家长的知识权威受到挑战。这种无功的引导只能激发与孩子的矛盾，使孩子产生困惑、迷茫，父母与子女代沟也随即出现。第二，家长向子女传递信息的过滤性与媒介文化的复杂性发生矛盾和冲突。媒介文化是一个文化的复合体，它总是以其独特的运作方式带着某种符号、意义、价值观出现在媒介、网络上，由于媒介文化的受众性、影响性、渗透性和传播力强，对其他各种文化选择性融化和消解使文化趋于同质化，这对于长期沉湎于网络、媒介的青少年来说更加难以接受现实文化的传统说教。媒介文化的丰富性、多样性和动感性等感人化的特征深受青少年的喜爱和追从。面对着父母的现实说教，那种单一乏味又带有单调的经过过滤的传统家庭文化，就是简单的重复，家庭文化信息常常失去其传递的意义，难以发挥其作用。所以，围绕核心价值观，创新家庭文化，争夺文化话语权，是现代家庭引导子女的核心和重点。第三，家长和子女的亲子关系受到现代传媒的残酷冲击。现代传媒、网络以其独特的方式深深地吸引着青少年一代，它改变着青少年的思想观念和思维方式。快餐式碎片化的文化让青少年难以拼凑成互相联系的核心文化，瞬息万变的媒介文化不断改变着青少年的思维定式和思想观念，飘摇不定的文化难以让青少年形成核心价值观。同时，它隔离了文化的代际关系，模糊了文化之间的界限，由于父母知识的局限或由于精力、媒介素养的缺乏，在文化引导上往往陷入尴尬的局面，长期下去逐渐地疏离了与子女的感情，造成亲子关系的紧张。因此，现代传媒发展对家长素质修养提出更高要求。

2. 网络社团

在网络中，青少年基于兴趣、爱好的相同或相近而结成的群体，通常是以"群"为单位，形成网络社团，网络社团对个体青少年价值观的形成是不可低估的，俗话说"近朱者赤，近墨者黑"，网络社团对个体青少年价值观形成的影响主要是思想相互感染而产生共鸣，行为相互模仿而产生互动。由于网络社团成员年龄相近，心理、爱好、兴趣、习惯具有趋同性，思想容易相互沟通，对事物的看法差异小，很容易把网络社团成员的思想内化为自己的思想，并根据网络社团成员的标准对客观事物作出主观评价，在具体实践中，对网络社团成员的行为加以模仿并上升为自己的行为。网络社团就如围墙，在围墙里面中的每个人有的认识、有的不认识，但年龄相同或相仿，民主、平等、自由的网络空间在这里可以得到充分表达和体现，无拘无束的话语、自由自在的行为习惯可以得到体现。在围墙里，各种正确与叛逆的思想、规范的行为与无厘头的动作、抑或对事件的判断和评价，等等，都得到充分的发挥。由于围墙的特殊性，缺乏引导的青少年网络社团极容易走向极端或者反面。青少年网络社团的研究处在初级阶段，怎样加强对网络社团的管理和引导，必须引起我们的高度关注和重视。

二　集体文化氛围与引导合力

1. 学校

新媒体的迅猛发展，一方面给学校提供了现代化的教学和设施，为教育强校奠定了基础；另一方面怎样充分发挥新媒体的功能和作用，实现教师与学生的互动和交流，这是我们要探讨的问题。在当今学校教育中，新媒体给学校课堂教学带来了无穷无尽的丰富多彩的资源，大大提高学生的学习主动性和积极性，增强学生大脑的记忆痕迹，但这仅仅是知识量的积累，学问的增加，学校教育还未能摆脱升学的压力。在现实情况下，衡量学校的质量标准还离不开学生的考试成绩，教育的制度性缺陷把客体看成是"考试的机器"，"应试教育"把引导人异化成为智育教育，片面追求升学率，忽视全能教育的倾向，这不能不说使青少年的价值观引导受到影响。学校为了追求升学率，把新媒体妖魔化，禁止学生带手机进校，禁止学生上网，没有在提高学生的媒介素养上下功夫。学校教育的本质除了传道授业解惑之外，更为重要的是追根溯源、引导学生追求真理，探究生命的意义、引导学生人生价值，探究梦的现实和未来，引导学生个人梦的实现。而事实上，当今学校教育大多数还停留在传统教育思想和观念，简单地把学校教育归结为学生学业成绩，忽视了学生作为人的本体看待。有的学校还把引导学生的问题推给家庭，现实的问题是大多数学校利用新媒体在网络上建立了家校联系平台，家校网络平台的建立有利于学校与家庭的沟通和交流，对于家校共同引导青少年提供了方便快捷信息平台。但在这个平台上，我们看到的大多数要么是学校的通知、要么是学校对学生的投诉，难以看到学校对学生个体思想观念和想法的探讨，有的学校老师利用这个平台，把引导学生的责任推卸到学生家长身上，这不仅仅失去了家校网络平台的意义，也削弱了对青少年学生的引导合力。

2. 社区

社区是由于地缘原因人们聚居在一起的区域，随着社会的变迁和城乡一体化进程的推进，人们居住的环境和区域不断地变化，以血缘关系构成的熟人区域逐步被以地缘关系构成的陌生区域所代替，原来以传统文化、宗族文化维系的区域文化也逐步不存在，如何构建社区文化，关系到青少年价值观的形成，一般来说，社区以和谐为主线构建一系列文化，倡导文明新风，共建和睦的邻里关系和文明家庭，开展社区文化娱乐活动，营造积极向上、奋发进取的文化氛围，感染着个体青少年的身心，正确的价值观在他们心理形成倾向性。社区邻里不和气，邻里家庭关系不融洽，社区成员缺乏互帮互忙，以宽容的心态对待事物，沉闷、消极、缺乏蓬勃向上的文化氛围，必然给个体青少年正确的价值观形成带来负面影响。

3. 大众传媒

大众传媒即大众传播媒介，它既包括传统媒介报纸、期刊、广播和电视，还包括互联网。它们构成了传播社会信息的庞大网络，由它们所承担的信息传播活动不仅普及到社会的每一个角落，而且这种信息传播迅速、覆盖面广、形象生动，具有直观性和可证性，特别是信息时代，电子计算机的普及应用，虚拟世界的信息难溯其源，难测其踪，各种各样的信息无处不在，无时不存，并渗透到社会生活的各个方面。对个体青少年价值观形成起到潜移默化的影响。大众传媒所承载的信息既多样又复杂，不仅有主流文化、支流文化，还有各种各样、形式不同的亚文化、流行文化，甚至反文化，这些包罗万象的信息内容，都夹杂着自身的价值观念、道德规范和价值评价，由于这些内容往往具有娱乐性、刺激性，极容易被喜欢新奇、挑战性的青少年所接受，并内化为自己的思想信念和行为规范。大众传媒健康的文化信息与个体青少年引导形成较大合力，个体通过对信息文化的接收与筛选，逐步达到自我确认，提高对各种事物认知能力和认识水平，帮助其把握事物的评价标准，而不健康的文化信息与个体青少年引导形成反作用，又由于信息量大，瞬息万变的文化信息，使个体青少年目不暇接，信息容易进也容易出，流于感性的浏览，缺乏理性的思考，在多种文化的冲突和无序的状态下，给个体青少年造成价值混乱，使他们感到无所适从，无法作出准确的价值判断，严重影响了个体对事物的认知和对事物科学的价值评价。

　　总之，个体文化氛围与集体文化氛围与个体青少年引导要形成较大合力，在新媒体背景下，我们要充分地认识新媒体的特点，发掘新媒体的积极因素，利用新媒体的引导作用，化消极因素为积极因素，开拓青少年价值观引导途径，创新青少年价值观引导方法，营造良好的、优越的引导环境，促使青少年树立科学的价值观。

第九章 青少年价值观引导的
内容与方法

　　一般来说，价值观内容有人生价值观、道德价值观、生命价值观、科学价值观、环境价值观和审美价值观等，丰富又庞杂的内容对于我们青少年引导来说不可能面面俱全。由于价值观具有鲜明的时代性，受到社会关系的影响和制约，在新媒体背景下，青少年价值观发生了巨大的变化，价值观内容也必然随着改变才能保证其实效性。因此，对青少年价值观引导的内容上要讲究科学性，引导方法上要强调实践性。

第一节　价值观引导内容的科学选择

一　统一性与多样性合题

　　青少年价值观引导作为一种有目的、有计划的实践活动，其发展始终围绕着统一性与多样性的基本矛盾，它制约着价值观引导活动的整个过程。青少年价值观引导目标的统一性与个体人生存的多样性是贯穿价值观引导始终的基本矛盾。一方面个人需要不断地按照社会所确定的主流价值观来调节自己，这个不断调节、适应的过程，就是认识、追求、实现价值目标的过程。另一方面，社会统一性的要求又是在不断总结个体价值观引导的经验教训的基础上，在不断探索个体价值观形成和发展规律的前提下逐渐丰富、逐渐完善的。从引导者和被引导者的层面上，作为引导者，要善于理解和充分运用统一性要求去引导、启迪青少年的思想心灵，不断地矫正其不符合社会规范和道德的行为，不断地用主导性文化及主流价值观为导向去导引青少年价值取向，使他们有崇高的信仰和人生信念。从而把价值观引导的目标指向内化为引导对象的精神财富，使之与个体思想发展的内在要求产生共鸣，形成最大合力。作为被引导者，则应善于识别和把握引导的目标指向，自觉地在目标指向的轨道上，寻找个人与社会的结合点，使个人的价值目标与社会发展规律相一致，对事物的认识和自己的行为有一个更加清晰明朗的标准和判断。

　　青少年在社会化的过程中，总是受到媒介文化、网络文化等各种社会文化的影响和左右，价值观引导基本矛盾的两个方面始终围绕着怎样树立正确的世界观、人生观和价值观这个根本目标运作。在新媒体背景下，只有把社会主义、爱国主义和集体主义为主导，以社会主义核心价值观为导向，以八荣八耻为准则，把人的全面发展作为青少年价值观引导的根本目标，从而使得价值观引导的统一性与多样性找到合题，而且找到了检验价值观引导效果的客观尺度，使价值观引导的目标与整个引导的根本目标有机联系和统一起来。

二　基础价值观的引导

　　价值观源于生活，指引着生活，人们总是以某种生存方式和生活方式进行，人们的衣、食、住、行也常常带着独有的价值观表现在生活之中，并按照本身独有的生活习俗和生活习惯而存在，这就是我们要说的基础价值观。基础价值观的形成发展与成熟过程，是一个同化与异化、运行与修正的过程。人与人之间的价值观可以发生相互作用，这种作用就包括了同化与异化两个相反方面。人的一切活动都在价值观的指导下进行的，由于主体、客体及介体的素质和状态在不断地变化着，这就要求主体必须不断地调节和修正自己的价值观。在价值观初始形成的过程中，主体为尽快地建立自己的价值观，在进行价值观的修正以前，就应该合理确定价值观的初始值，以缩短价值观的修正过程。在人的幼年时代和青少年时代，这一过程往往由父母或启蒙老师来完成。基础价值观是价值观的始点，需要我们的一点一滴地浇灌和培育，它的运行则需要我们的引导。

青少年正是处在基础价值观的形成发展过程，他们的生活习惯、生活习俗和生活态度等，需要我们的帮助引导，其引导的重点就是习惯养成。

三　人生价值观引导

人生价值观即人生价值的观念反映，是人们对人生价值的根本看法和态度，是人们对自己的人生价值自觉或不自觉地进行评价的过程中所形成的。它是人们对人生目的、人生意义的基本观念，是人们对自身生活道路、生活方式选择的基本理念，是人们对人生活动进行评价的基本依据。人生价值观是关乎人为什么生存、生活及怎样生存、生活的问题，关乎人生的理想与梦想、人生目标、生活态度和生活体验的问题。人不是一出生就拥有自己的人生价值，它必须要我们以各种各样的方式，通过利用不同的平台来教化、培养和引导。青少年的成长过程是一个人生价值的引导过程，实际上，青少年对于关于人生的问题如人为什么活着，活着的意义是什么，人的价值在于哪里等话题，他们还处在懵懵懂懂的时期，或者在他们看来是一个高深莫测的话题。因此，要想解决这个问题，必须把引导的重点放在解决主观与客观相符合的问题，不仅解决主观与客观是否符合的问题，还要解决主观与客观如何符合的问题，具体地说必须解决社会价值与自我价值的相统一的问题。要取得社会价值与自我价值的统一，社会价值即人的一生的生命活动对他人、社会、人类的价值；自我价值即人一生的生命活动对自我生存、享受、发展、完善的价值，社会价值与自我价值是统一的、不可分割的。从现实情况看，媒介文化影响着青少年的自我价值的形成和发展，快餐式的、娱乐性、无深度的、平面化的消费文化，正适应和满足了青少年追求功利、寻求新颖、渴望享受、表现自我的价值观念的内在要求。快餐式的消费文化把一些青少年塑造成了缺乏思想深度、没有价值追求、失去思维主动、丧失批判精神的"单面人"。虚拟文化的虚拟空间给青少年带来了不接地气的自私、自我中心的生活价值观，文化的虚拟造就着青少年人生价值目标的狭隘化和平庸化，虚拟文化的多样化却给青少年的人生价值评价多样性和功利化。这些方面的影响和表现，正不断地撕裂着青少年社会价值与自我价值的关系，歪曲着青少年自我价值及人生导向。因此，在新媒体背景下，加强对青少年价值观引导，必须围绕自我价值与社会价值的关系为核心，引导青少年正确处理好物质价值与精神价值的关系，正确处理好创造价值与享用价值的关系，使三者得到统一，取得和谐发展。

四　道德价值观引导

道德价值观是一个人道德观念的总和，它不仅仅内化于人的内心和观念，而且体现在人的行为和语言之中。道德价值观是人的价值体系中的重要组成部分，在人的整个价值观体系中具有根本的意义。它根源于一定的社会经济生活，并且随着社会经济关系的变革不断地改变着自己的内容和形式。目前，我国处在经济转型期、新媒体时代，经济体制的转型和"互联网＋"必然引起社会道德关系的变化，引起人们的道德价值选择、评判标准的变化和道德价值取向的变化。青少年的道德价值观念随着社会的快速发展也出现一些新情况、新问题。青少年正处在道德价值观形成的关键时期，因此，对其进行有效的道德价值观引导显得十分迫切。对青少年道德价值观引导，主要是进行行为规范的引导，内化道德规范，形成道德观念，发展道德判断，培养道德感情，养成道德行为，提高道德素质。为此，要加强以为人民服务为核心、以集体主义为原则的社会主义道德教育和引导，逐步使青少年树立与社会主义市场经济相适应的道德观念和道德行为，克服拜金主义、享乐主义、个人主义的错误观念，逐步养成认识和处理国家、集体、个人三者之间的关系。加强社会公德教育和引导，掌握和实行社会公共生活、网络虚拟空间准则，维护网络公共道德和公共财物，遵守现实公共和网络虚拟公共秩序，爱护现实和虚拟网络公共环境，参与公益事业，勇于向不道德的社会现象、网络虚拟现象和行为作斗争；提高青少年媒介素养，完善个人道德品质教育，克服引导过程中的泛政治化和简单化，紧紧结合青少年生活环境和生活背景，培养践行能力和道德判断能力。道德引导实质上是养成教育和引导。因此，在进行道德教育和引导时，重点不是认知道德规范，而是内化道德规范。践履道德规范，用道德规范来指导和约束自身的行为，提高道德自律能力，形成良好的、稳定的道德品行。

第二节　价值观引导的方法

在对青少年价值观引导的过程中，既要遵循青少年发展的规律、符合青少年发展的特点，又要坚持引导的原则，选择科学的引导方法和途径。在选择青少年价值观引导的方法过程中，需要采用以下的方法。

一　针对性

针对性就是从实际出发，有的放矢，用不同的方法解决不同的问题。它实际上就是实事求是的原则在青少年价值观引导过程中的选择运用。俗话说"一把钥匙开一把锁"，"对症下药"，讲的就是针对性。青少年价值观引导主要应该针对青少年价值观引导的内容、引导对象的特点和发展阶段实际状况。

针对性原则主要目的就是做到符合实际，符合引导内容的自身要求，符合青少年发展阶段的实际状况和发展的客观规律。针对性能够帮助引导对象扬长避短，能够给困惑中的青少年雪中送炭，能够从青少年的实际状况出发，提高对青少年价值观引导的科学性。

坚持对青少年价值观引导的针对性，要做到以下几点：

第一，要分清青少年价值观性质和类型，根据不同性质和类型，选择不同的引导方法。价值观的类型多种多样，有人生价值观、道德价值观、生命价值观、科学价值观、环境价值观和审美价值观等，每一个价值观都有其独特的内容、特点和表现。因此，在引导过程中，必须视其情况加以引导。一般来说，在当今新媒体时代，青少年出现的普遍问题是因迷恋上网而成为网瘾或者网恋，必须对迷恋上网的青少年进行了解，他们上网是学习、查资料、聊天，或者是打游戏等，他们每天上网的时间有多长，与什么人聊天等。对于这些方面，引导者必须做进一步的调查和了解，才能分清这些问题的轻重和主次，才能选择不同的引导方法。此外，还要分清个体的本质属性，教会他们对上网问题的认识，引导他们对网络文化的认识和判断，要分清正确与错误、积极与消极的、先进思想与落后思想的界限，从而选择各不相同的方法。

第二，分析青少年价值取向的方向和性质。这主要是分清价值取向的量的规定性。在新媒体背景下，青少年长期受媒介文化影响，我们一方面要分析媒介文化对青少年影响的广度和深度；另一方面要分析青少年价值取向的方向。价值取向体现在青少年的思想和行为之中，要善于观察他们的思想和行为，要分析：是正确方向的问题还是错误方向的问题；是共性的问题还是个性的问题；是长期存在的问题，还是暂时存在的问题；是不断蔓延的问题，还是逐步消解的问题。对于普遍性的、带有倾向性的问题，必须引起重视，利用新媒体为平台，采取较大规模和较大力度的引导方法；对于个别、偶然的思想和行为问题，则只需选择个别的引导方法。

第三，分析被引导对象的具体特点。被引导对象有个体和群体之分，青少年成长的环境、阶段性各不相同。在选择对青少年价值观引导的过程中，必须坚持具体问题具体分析。对个体的青少年进行引导，必须考虑青少年的家庭环境、所成长的阶段和个性特点等。比如，青少年的个体性格不同，有的具有外向性格，有的具有内向性格，有的活泼好动，有的较为沉静。在选择引导方法时，只能因人而异，引事而异。

第四，分析引发价值取向的原因。人的思想是社会存在的反映，青少年的价值取向同样也是社会存在的影响，只不过他们缺乏社会经历而已。社会存在是一个复杂的多面体。要分清引发价值取向的原因，才能选择正确的引导方法。比如，因网络文化引发的思想价值问题，就要从解决网络文化问题入手，然后再进行价值观引导；因同伴群体引发的价值问题，就要着重解决同伴群体问题。总的来说，时时刻刻关注青少年的价值取向是尤为关键的问题，而青少年价值取向的动态引导则是根本，分析青少年价值取向原因是本质。

二 创造性

青少年价值观的变化与发展是受到社会、家庭和社区等因素的影响，社会发展已经到了新媒体时代，新媒体的出现改变着人们的生活方式和生存状态，同样也改变着青少年的思想观念和价值观念，这就要求我们不断研究新情况，总结和探索新的引导方法。

青少年价值观引导应该具有创造性，不应照抄照搬。价值观引导的思想具有普遍性，而青少年价值观却具有特殊性。用一般性的理论解决特殊性的问题，本身就需要创造性。正处在改革开放特别是经济转型期的我国，经历着一场深刻的社会变革，而新媒体时代的到来，给人们特别是青少年的生活方式、行为方式和思想观念带来巨大的变化。青少年价值观引导必须根据这些新情况，实现青少年价值观引导的创新。如果无视社会历史条件下产生的具体方法绝对化，拒绝研究新情况，就会导致思想方法僵化，青少年价值观引导无功无效。

以创新性的要求，选择青少年价值观引导的方法，具有以下根据：

第一，新媒体媒介文化的丰富内容和复杂情况，要求我们运用系统的思维方式从整体上思考问题，勇于开拓创新，注重效益，体现预见性。媒介文化的多样性、丰富性和多变性致使青少年价值观多元化和价值判断模糊化，按部就班的方法必须改变，否则就跟不上被引导者的需求和步伐。情况变了，还用老一套的办法来对付新环境下的青少年，显然不起作用。

第二，吸取和运用科学研究成果，充实青少年价值观引导的方法。它需要综合运用社会学、教育学、心理学等学科新的研究成果，建立现代化的青少年价值观引导的科学方法体系。对于引进国外青少年教育的思想理论成果，一方面要运用马克思主义的思想武器进行科学的鉴别和分析，吸取其合理成分；另一方面也要根据我国的实际情况，进行取舍，做到洋为中用。

第三，运用现代科学技术成果，实现引导手段的现代化。互联网已经深入到家庭，新媒体的广泛运用给我们提供了形式多样的引导平台，为青少年价值观引导增添了更加丰富的载体和条件。在这样新的基础上，青少年价值观引导必须掌握这些新的手段，改进和更新引导方法，以取得理想的引导效果。

三　综合性

新媒体影响青少年价值观的因素很多、很复杂，变化很快，青少年价值观引导不能指望靠单一的方法解决问题，而要综合运用各种方法。另外，社会环境的变化对青少年价值观影响的作用加大，青少年价值观引导因而具有反复性，要克服这种反复性，强化和巩固青少年价值观引导的成效，也必须采取多种手段。

所谓综合性的要求，就是青少年价值观引导者在把握各种引导方法的各自特点及共同趋向的基础上，提高家庭、社会、学校和社区协调综合，形成为共同目标服务的统一性方法，是引导主体同时或者先后运用多种方法进行综合引导的措施和手段。综合引导法要根据综合引导的需要进行选择和运用。

为什么要运用综合法，其依据是：

第一，青少年价值观是一个社会化系统形成过程，在这一个过程中，有文化因素影响、思想观念影响、行为习惯影响和主客观条件等多种因素影响下产生和发展，只有采取综合引导的措施，才能使青少年的正确思想和行为得到发展和巩固，使错误的思想和行为得到抑制和纠正。

第二，在新媒体背景下，由于网络、手机等智能化传播工具的运用，各种文化、思想观念、行为得到即时传播，青少年接受的媒介文化和信息既方便又快捷，渠道多、信息广、速度快，来自国内外的信息和文化，不断地冲击着飘摇不定的青少年的价值观，因此需要引导者了解和引导的内容与方法是综合性的。只有跟上时代潮流的变化，才能够从各个方面引导青少年，才能适合当今新媒体时代对青少年价值观引导的要求。

第三，随着现代科学技术的迅猛发展，媒介技术的更新换代，社会各项工作和研究领域，都出现了社会化和综合化的倾向，单一的学科、单一的工作，已经让位于学科的互相渗透，学科的互相交叉的互相联系。青少年价值观的形成本身就是一个家庭、社会、学校和社区互相联系、互相作用的综合引导工程。青少年价值观引导更需要综合作用，各个系统、各个部分更需要相互配合、相互协同，才能使青少年价值观引导在整体性和系统性的运作中，增加其有效性。

青少年价值观引导方法注重综合性的原则，体现了引导方式的主从或并列的结合，交替或协调式的结合，渗透或融合式的结合。同时，循着青少年价值观形成和发展的规律，综合式的方法要求引导的连续性与阶段性的统一，注重引导过程的循序渐进和阶段性的衔接，加强反复引导和科学价值导向的引导力度。

四 实效性

实效性是青少年价值观引导的直接目的和最终目的，也是青少年价值观引导的充分条件和归宿。没有实效性，一切引导都会没有任何意义。这里讲的实效性，就是通过对青少年的思想观念的引导、行为习惯的养成，使青少年树立正确的人生观和价值观，青少年对事物具有科学的价值判断和正确的人生价值导向，进而转化为自己的行动。实效性原则不单是防止出现形式主义的良药，也是防止教条主义、经验主义和盲目蛮干的清醒剂。

青少年价值观引导的实效性，主要指方法的可操作性，在实践中的可行性，产生良好结果的可靠性。实效性要求引导者具有高度的责任感，在实施引导的过程中不断根据实际效果，坚持运用已经被实践证明是正确的方法，纠正或修正在实践中被证明是错误的方法，以达到最终的引导目的。

讲究实效性，还包括青少年价值观引导的工作效率。这是衡量青少年价值观引导实效实现程度的标准。突飞猛进的科学技术和社会发展速度，新媒体发展的日新月异，要求我们把效率提升到重要的地位。选择正确的方法，争取最佳效果，是提高青少年价值观引导质量的必然选择。

五　实践性

青少年价值观引导的实践性，就是青少年价值观引导的现实性和价值观实现的实效性，在社会生活中表现为与其他实践活动的结合与渗透，它是青少年价值观引导显著的本质属性。

青少年价值观引导的实践性的原则方法，我们是这样理解的：

第一，青少年价值观引导是以人为实践对象的活动，其出发点和归宿都只能是实践。从价值观引导的出发点来看，新媒体背景下青少年价值观引导不可能脱离现实的、具体人的思想、观念和行为，而针对所谓抽象人、虚幻人的引导，只能从现实的具体的青少年实际出发开展引导。现实的青少年，其本身就是实践活动的主体，即每一个青少年都有自己成长过程中的生活实际和所处的客观环境。价值观或者具体来说青少年的价值观，虽然是一种主观形态的东西，但它产生的基础和根源，发展变化的动力，只能是实践活动和客观实际。从价值观引导的落脚点来看，价值观引导的目的是要帮助青少年树立正确的价值观，提高青少年对事物的价值判断能力和水平，使青少年具有科学人生价值导向。而价值观引导的过程归根到底来自于社会实践。离开社会实践谈价值观引导，只会是坐而论道，脱离现实、脱离实际。所以，青少年价值观引导不仅要从实际出发，帮助青少年实现认识上的飞跃，提高辨别事物和评价事物的能力与水平，而且要帮助青少年运用自己的思想和观念指导自己的实践，完成从认识到行动的飞跃；不仅要引导青少年正确认识世界，而更重要的是要引导青少年去改造世界，并在认识和改造世界的过程中，同时也改造自己的主观世界。因此，青少年价值观引导所要遵循的知行统一、认识世界与改造世界的统一、改造主观世界与改造客观世界的统一的原则方法，充分体现了价值观引导的本质属性。

第二，青少年价值观引导的意义只能在实践中实现。青少年价值观引导的效果如何，是有效的还是无效的，是正效果还是负效果，引导的质和量等，都不能用主观认识来检验，而只能用客观的社会实践来检验。社会实践是检验青少年价值观引导效果的唯一标准。离开社会实践谈价值观引导，就会失去客观的衡量尺度，只会导致价值观引导的随意性。

第三，青少年价值观引导的实践性是随着社会发展而发展。以青少年为实践对象的价值观引导，是随着社会的发展而不断地创新和发展。在计划经济时代，人们的衣、食、住、行的一切消费品基本上靠分配来进行，人们的思想单一，观念统一，步调一致，统一的思想带来了统一的价值观。在国家主义、集体主义高度统一的背景下，把统一的生产劳动作为实践，忽略了个体人作为价值观引导来进行。在社会主义市场经济条件下，随着科学技术的发展和社会的全面进步，新媒体时代人的主体意识不断增强，人在改造客观世界的过程中，不断意识到人自身的改造与发展。青少年价值观引导必须用富有时代特征的先进精神的先进文化来塑造人、开发人和发掘人，实现人的主体性。以青少年为实践对象的价值观引导在新的历史条件下，成为了越来越重要的实践活动，青少年价值观引导的实践性也越来越丰富和发展。

第十章 西方青少年价值观理论及引导评析

第一节 "价值澄清"理论

20 世纪 60 年代，价值澄清理论顺应美国社会的发展而诞生，并在美国引发了一场最富有争议性的当代学校道德教育变革运动。价值澄清理论既批判了传统的道德教育，又充分吸纳了当时的经验主义、实用主义以及人本主义心理学等相关理论，构建起一整套价值澄清理论教育体系，由于其实际的操作性与实用性，它产生了广泛的影响，并在探讨如何引导青年学生价值观方面具有深刻的意义。

一 价值澄清理论及其内容

价值澄清理论于 20 世纪 60 年代在美国兴起。当时的美国社会动荡不安，越战、种族分歧、妇女解放活动等问题不断激发，社会矛盾日益尖锐，传统文化不断遭到解构和怀疑，人们的价值观念陷入了极端混乱的局面。这"对美国来说似乎是一个'不需要道德教育'的年代"，[①] 第二次世界大战后，在强权与技术面前，传统道德、价值观念等显得苍白无力，它们已无法紧随时代的步伐。路易斯·拉思斯（Louis Raths）等人认为，价值观之所以如此乏力混乱，

---

① 戚万学：《冲突与整合——20 世纪西方道德教育理论》，山东教育出版社 1955 年版，第 329 页。

在于价值教育的内容与社会实际生活的严重脱节，要解决此问题，必须要深入结合学生的生活世界。因此，价值澄清理论顺应时代要求而出场。

1966 年，路易斯·拉思斯、梅尔·哈明（M. Harmin）和西尼·西蒙（Sidney Sim）等合著的《价值与教学》（*Values and Teaching*）出版面世，标志着价值澄清理论作为独立的教育理论学派正式形成，拉思斯等人也被认为是价值澄清学派的创始人。拉思斯等人在《价值与教学》一书中就系统地论述价值澄清理论的相关内容与教学方法。

首先，在价值观定义方面，拉思斯等人指出，"发展价值观是个人的终生过程，它并不是在成年早期便一成不变的东西"，[①] 价值会随着经验的发展、成熟而发展、成熟。所以"我们所界定的价值不是灌输得来的，它们需要自由选择"，[②] 是通过选择、珍视和行动来获取的。他们强调"如何获得观念"比"获得怎样的观念"更重要，"价值澄清"的主要任务不是对"正确价值观"的认同传递，而是帮助学生澄清自身的价值观，并学会掌握价值澄清的过程、方法和技巧，让其形成个人的价值观，只有通过这个过程获取的方能称之为价值。

其次，他们提出了价值澄清理论的 4 个关键性因素：（1）以生活为中心。价值澄清理论所关注的焦点放在与青少年密切相关的问题上，尤其是那些让青少年感到无能为力与困惑不已的事情。（2）接受实然。价值澄清理论强调青年学生要完整地接受他人的价值观，但这种接受不等于完全赞同，而是在接受的过程中了解、帮助他人，与之真诚相处。（3）激发深刻的思考、反省。青年学生应通过与他人相处而珍爱和选择自己的价值观，并将其内化、践行。（4）引导个体能力。学生不仅能够反省和思考价值问题，而且能够更好地把通过深思熟虑的价值观运用到自己的行动中去，并在日后

---

① ［美］路易斯·拉思斯：《价值与教学》，谭松贤译，浙江教育出版社 2003 年版，第 36 页。

② Louis E. Raths, et al., *Values and Teaching*. Columbus, Ohio：Merrill, 1978. p. 291.

的人生道路上知行合一。可见，价值澄清理论关注个人经验的获取，重在引导青年学生价值选择的能力，而放弃了主流价值观的权威地位。

最后，拉思斯等人认为价值观的形成必须要经过七个步骤：（1）自由地选择；（2）从各种可能选择中进行选择；（3）对每一种可能选择的后果进行审慎思考后作出的选择；（4）珍视与珍爱，对选择感到满意；（5）愿意向别人公开自己的选择；（6）根据选择行动；（7）重复这种行动并使之成为个人的生活方式。拉思斯等人认为，"价值是个体经验的产物"，"价值发端于富于变化的生活"，① 个体在自己主动自由的情况下进行选择时，就很有可能重视自己的选择，而面临若干种选择时，才会慎重思考并不会盲目行动，对于自己谨慎选择的东西，个体会珍视，在承认选择后，反复根据自己的选择来行动则容易形成自己的价值观，并内外化为其行为准则。而为了让学生在自己主动自由的情况下进行价值观选择，在《价值与教学》中，拉思斯等人是通过 20 多种具体的方法来实现的，当中最主要的方法则有：澄清问答法（Clarifying responses）、价值表填写法（Values sheets）、价值观延续讨论法（Values continuum）等。其提供的各种方法都具有很强的实用性与操作性，有具备一套为师生掌握的可操作性程序。而在运用价值澄清理论的方法时，强调突出学生的自主性，教师只负责启发学生对价值问题进行思考，处于提供暗示或诱导的位置，避免直接对价值问题评价和标准界定。

二 价值澄清理论对青少年价值观的影响

无可置疑，从价值观的形成到社会化程度的提升，价值澄清理论对青少年具有广泛的关切，并对其价值观的形成产生了重要的影响。美国教育家巴里·查赞（Barry Chazan）曾在《当代道德教育方法》中评价过，"……在 20 世纪，比起其他的学说，价值澄清理论有着更大的实际意义与重要性，它可能是当代价值教育方法的最为

① Louis E. Raths, et al., *Values and Teaching*. Columbus, Ohio: Merrill, 1978. p. 291.

典型的代表"。因为价值澄清理论注重学生的道德思维、情感、选择能力在其价值形成过程中的作用，重视发挥学生的潜能，倡导独立自主地发现和以开放的心态探索生活的真谛，它不但抛弃了传统对概念的诠释，主张不能仅依靠教师言语和范例来建立价值，而应当力图使学生产生价值观共鸣的思想，而且重视价值形成的个体内部机制，强调教育者与学生平等对话，贴近学生的生活世界，具有很强的操作性和针对性。不过，价值澄清理论并非万能的，其自身的局限性对青少年价值观产生的消极影响也是不可轻视的，在运用过程中稍不注意就容易出现以下情况：

（一）价值澄清理论容易导致价值相对主义

拉思斯曾在《价值与教学》中提到："不同团体的人们拥有不同的价值观，只要不超出国家法律，一切观点应可以讨论、检查以及可能的确认、拒绝或怀疑。换言之，人们应当自由地拥有不同的价值指示，而且他们的态度应当受到尊重。"① 可见，拉思斯相当注重价值的主体性和价值选择的主动性，在所提出的价值澄清理论中，个体的自由选择和意愿也是置于首位，并表示每个个人的价值都是合理的，不提倡共同价值。为此，在引导青少年自我选择价值观能力的过程中，一旦过度夸大青少年的价值个人主观性，容易使学生潜意识中否认了人类普遍价值的公理，价值的客观性、普遍性和稳定性并随之连根拔起，衡量价值的标准被架空，最终会瓦解主流价值的地位，导致价值相对主义的出现，并抵达一种"无深度的平面"的临界点。马克思曾指出，相对主义片面夸大事物性质的相对性，抹杀其确定的规定性，取消事物之间的界限，从而根本否定事物的客观存在。而价值相对主义则是在尊重青少年价值选择主体的自由基础上，忽视了价值选择的客观性，夸大了青少年的主观性，最终确定的价值观也必然是极端、虚无的。

美国学者宾克莱在《理想的冲突》一书中提及，相对主义认为

---

① ［美］路易斯·拉思斯：《价值与教学》，谭松贤译，浙江教育出版社 2003 年版，第 67 页。

所有的价值都是随意定的，不是以理性为依据的。而价值澄清理论认为只要是学生经过慎重选择的价值观，则"怎么都行"（费耶阿本德语）。如此一来，价值观就沦落为青少年的个人趋好，每人都各执己见，便无法与他人沟通理解，人与人之间的价值理解以及行为交往难以产生一种"价值共契感"，更难以在社会性的互动中提升自己的心灵了。

我国正处于社会转型的关键时期，多媒体技术、西方各种思潮以及中国腐朽文化等多重影响，价值观呈现多元化局面，若忽视价值澄清理论的弊端所在，则青少年在新媒体价值观的选择中难以真正把握方向。列宁曾指出："把相对主义作为认识论的基础，就必然使自己不是陷入绝对怀疑论、不可知论和诡辩，就是陷入主观主义。"加之青少年所处的年龄特点，带有叛逆自我的倾向性，思考问题较为偏激且喜欢挑战权威，若过分强调其主体性和差异性，那么在教育乃至管理方面，都容易陷入困境，青少年的价值观更是无序混乱的，容易出现流浪意识。

（二）价值澄清理论容易导致价值观的从众性

价值澄清理论看重个体在价值观形成过程中的主观能动性和创造性，却忽略了价值观的社会性，忽视了社会环境群体在其形成过程中的重要影响。价值澄清理论一味重视价值形成的个体内部机制，只将价值完全依赖于青少年的自我选择与建立，这就容易导致其价值观的从众性。青少年由于其年龄特点影响，认知能力、判断力有限，又因社会经验缺乏，视野范围狭隘，难以明智地自我选择价值标准。因而当面临多种价值选择时，他们往往只限于表面的与众不同，结果还是受环境群体中的隐性价值观影响，不知不觉改变自己的知觉、判断和信念，陷入雷同的迷茫沼泽中，这就造成了青少年价值从众性局面的出现。

我国处于社会转型期，网络信息、西方思潮的全方位影响，整个社会的氛围变得浮躁不已，功利主义、拜金主义、享乐主义，等等的腐朽思想正无孔不入地影响着青少年的生活环境。一方面，价值澄清理论只强调青少年依赖自我选择价值观，屏蔽教育者对其的正面引导；另一方面，价值澄清对个体独自选择价值观的要求非常高，大多青少年学生难以真正践行。当面临着价值观的多种选择之际，青少年由于意志不坚定，容易被社会的价值观大浪潮席卷而去，盲目跟风，从而由良莠不齐的价值观中选择了最受拥护的价值观，而非最能体现人生价值的。因此，面对纷繁复杂的价值观时，青少年就容易倾向于容易获取成效的价值观，重物质轻理想。相当部分的青少年认为理想信仰过于虚幻缥缈，难以把握，只有与自己生活息息相关的物质才是最现实的。因而，学校要选择名气大有助于毕业后应聘的，学习专业非热门不选的，职业追求工资收入高的，等等，把"自我潜力的发挥"、"实现理想"等因素排在次要位置。久而久之，在过分追求价值的功利性、实用性和庸俗性的情况下，势必使得青少年的人格、道德修养和信仰等这些并不具备即时效率和物质生活的现实功用的内容逐渐受到冷落和遗弃，青少年不再追求信仰的完善、理性的沉思与智慧的挑战，而是热衷于灯红酒绿、醉生梦死的物质生活，从而使得青少年乃至整个社会的素质和发展变得狭隘、单一了。

（三）价值澄清理论容易导致价值个人主义

拉思斯等人注意到，当代社会价值观的多元化，社会价值观发展趋势不再一致与统一，而是处于不断变化和个体化之中。"我们感兴趣的是进行评价的过程。我们对确定这些过程的结果，即儿童最终拥有怎样的价值观不甚关心。"[①] 可见，对于价值澄清理论，引导青少年价值判断能力是关键，而至于形成何种价值观却是其次。它把价值观当作是个人的事情，不加任何干涉。此外，拉思斯等人指出："显然，如果我们希望学生对那些棘手的、丰富的价值问题进行反省，就必须避免站在任何立场阻碍学生公开反省。"[②] 这种观点表现在价值澄清过程中，教育者对学生的价值观应持以不干预的态度，甚至在学生出现明显错误观点或行为时也不加任何干涉，这明显忽

---

① ［美］路易斯·拉思斯：《价值与教学》，谭松贤译，浙江教育出版社 2003 年版，第 36 页。

② 同上书，第 356 页。

视了教育者的主导作用。价值澄清理论给予青少年学生充分的自由选择机会和权利，教育者处于提供暗示或诱导的位置，这是值得肯定的。但过分强调把学生个人的体验感觉摆于首位，如此鲜明的学生中心主义立场则容易导致其价值个人主义的彰显。在价值澄清理论具体的实施过程中，教育者往往沦为配角或陪衬，最终结果是，青少年在"为我所用"的潜意识中，无形强化了自由放任、为所欲为的极端个人主义思想观念与行为倾向，难以保证教育者对青少年学生发展所起的真正作用，而且这与价值澄清理论的初衷也是背道而驰、相互冲突的。表现在现实生活中，青少年关心的更多的是自己的命运，关注的更多的是自身的发展状态和现时的利益。他们所追求的人生目标，总结一句，就是"为自己"。"为自己"容易导致青少年的价值取向发生错位，引发其个体本位的价值观与社会本位的价值观之间的矛盾与冲突。在价值取向上，重自我价值轻社会价值。从注重理想到更多地注重现实和功利，盲目崇尚个人价值取向，当集体与个体发生冲突时，只强调个体，并以"我"为主，当公众利益与个人利益发生矛盾时，则以个人利益为重，缺乏集体牺牲精神，重自我责任轻社会责任，最终导致"各人自扫门前雪，休管他人瓦上霜"的局面。此外，价值个人主义还引导青年学生追求极端自由，这也就造就了其价值选择的极端不自由。当每个学生都想方设法在价值选择上实现自由最大化，独树一帜时，必然会侵犯到其他学生的自由，会潜移默化地影响其他人选择的意愿，最终会导致价值观选择的极端不自由。

三　价值澄清理论下青年学生价值观引导

价值澄清理论引导青年学生价值选择的能力，对我国青少年正确价值观的引导有着积极的借鉴意义。

首先，在尊重青年学生的个人价值同时，坚持以社会主义共同价值作引导。马克思曾说："只有通过解剖人的社会关系来认识个人，只有通过把握个人本身来实现个人价值。由此，价值体现在每一个人身上，应该是自我价值和社会价值的辩证统一。"现代社会是价值文化多元化的社会，但我们在价值多元化的原则上，必须承认价值观是一与多的辩证统一，承认价值的确定性、普通的价值标准和观念，即存在共同价值。个人价值只有在肯承认共同价值和社会普遍原则前提下才可能存在。因为个人价值取向是社会共同价值规范的组成部分，社会的价值取向引导着个人的价值观，社会在共同价值规范的基础上会保留个人的自主性。若只强调个人价值，无视社会共同价值，纷繁多样的价值观四窜乱散，社会将是一盘散沙。我国正处于发展攻坚期，全球化趋势使得各国文化碰撞激烈、市场经济的变革伴随着社会公德道德意识的迷茫、信息网络技术所带来铺天盖地的思潮纷扰，都使青少年置身于多元化、新媒体环境中不知所措，若不强调社会共同价值，而任由青少年自然选择个人价值，则意识形态上的发展将会难以控制。阿尔都塞曾说过，意识形态并不是供给社会成员自由选择的，不管人们是否愿意，他们都得接受。谁不与一个社会的意识形态认同，谁就不可能进入这个社会，所以，共同价值是必须应当且必须存在的，它是每个人进入社会的认可，即使是拉思斯等人也无法否定。"我们对普遍的绝对事情不感兴趣。这并不是说，我们接受不可能存在标识或'事物并无优劣之分'的观点。"① 可见，价值澄清学派并非完全否认共同价值的存在，只是更侧重于个体的选择。社会共同价值相当于每个人沟通的桥梁，当青年学生遵循自我意愿进行价值选择时，若彼此发生矛盾与冲突，则可围绕着共同价值的核心观念进行协调。所以在青少年价值观引导过程中，我们既要尊重青年学生的主体性，鼓励其树立个人价值，但同时又要以社会共同价值作引导。

其次，尊重青少年价值选择的主体性同时，坚持教育者的主导作用。价值澄清理论注重青少年学生的主体性，批判传统价值观教育把学生当作接受预定的价值观念的"容器"，批判在教育过程中教育者占主体地位，学生则处于被塑造者的客体地位。因此在价值澄

---

① ［美］路易斯·拉思斯：《价值与教学》，谭松贤译，浙江教育出版社2003年版，第331页。

清理论中，换由学生占据了主导位置，教育者退场并被褪掉权威的
外衣，转变为台下的观众。如此一来，无疑教育双方轻重又拐向了
另一个极端，教育者的作用几乎被完全剥夺，容易导致青少年学生
价值观选择的相对主义与个人主义的彰显，这就要求我们在尊重青
少年学生价值选择的主体性同时，必须要坚持教育者的主导作用。
为此在价值引导过程中，第一，依然要尊重青少年学生在价值选择
时的主体性，尊重学生在情感、人格、信念等方面对价值观的需求
与认同，这是价值澄清理论的重要贡献；第二，要创造一个师生间
平等、相互尊重、激励的氛围。教育者不能以权威、训导者的姿态
出场，而是应当保持民主、平等的朋友身份，因势利导，既要有所
作为，又不能越俎代庖，在价值观引导过程中建立起平等对话性的
师生关系。当青少年面对良莠不齐的价值观进行选择时，教育者要
结合自身的知识、经验优势，适时给予青少年学生正确的引导，而
非采取放任自由的态度；第三，教育者要不断提高青少年学生价值
判断与选择水平。价值澄清理论认为，价值教育的目的不是向青少
年学生灌输特定的价值观，而是授予其澄清价值的技巧和选择价值
的能力，鼓励他们在自我形成价值观的基础上更进一步思考，不断
提高进行价值判断与价值选择的能力，以适应复杂多变的生活。

　　最后，价值观引导要深入青少年学生的生活世界，不断创新教
育方法。著名教育家陶行知先生曾指出："没有生活作中心的教育是
死教育。"[1] 的确，脱离了学生实际生活的价值观教育内容最终只会
沦为教条化、机械化，导致教育低效。所以进行价值观引导首先要
深入到青少年学生的生活世界中去，在价值观引导过程中必须要坚
持以学生为本，贴近实际、贴近生活，面向生活世界去挖掘与青少
年学生切实相关的事情，紧密联系学生所关注的焦点，丰富校园文
化生活，积极以新媒体为平台与青少年学生对话交流，如建立班级
邮箱、QQ 群、班级博客、飞信、微信，等等，关注青少年学生的日
常动态，在沟通互动中激发学生内心世界的自我完善力量，防止学

---

① 钟启泉、黄志成：《西方德育原理》，陕西人民教育出版社 1988 年版，第 172 页。

生选择价值观时随大流、人云亦云，在关键时刻做必要的价值引导，以达到价值确立和认可的效果。其次，要不断创新青少年学生价值观的教育方法，增强教育效果。在拉思斯等人看来，以提供榜样、规则和条例、说服和规劝、诉诸良心等的传统道德教育方法，对学生价值观的形成效果甚微，因为这些传统方法旨在强烈说服对方的意思，实施的手段都是以灌输为主，在他们看来，这是对学生的一种思想暴力，是企图将预先确定下来的"正确"的价值观推销或强加给学生，所以即使学生受榜样影响或被激烈的语言鼓舞而表现出一些教育者所期待的行为，那也只是表面的变化，而不等同于形成了价值观。所以价值澄清理论指出，价值观不能只靠灌输的方式使学生被动接受，而应当鼓励他们在各种良莠不齐的社会现象的交织混杂中澄清自己的价值观，增强价值判断和选择能力，使他们从"被动接受"转变到"主动选择"。因此，为了让青少年学生真正引导起科学价值观并持之以恒，必须要创新其教育方法。如价值澄清理论所提出的澄清问答法、价值表填写法、价值观延续讨论法等，其提供的各种方法都采用了"外化—内化—外化"路径进行教育，细雨润物，潜移默化，具有很强的实用性与操作性，会使青年学生在一种民主开放、轻松愉快的氛围中，毫无保留地透露自己的思想问题，而教育者则可以以朋友的姿态鼓励他们在不断的践行和反思过程中引导价值判别能力。

第二节 "认知—发展"模式

道德认知发展理论的代表人物是美国当代著名的道德发展心理学家和道德教育学家劳伦斯·科尔伯格（又译为劳伦斯·柯尔伯格）。科尔伯格认为道德教育的主要目的是促进儿童的道德发展，引导他们的道德判断能力和推理能力，他提出儿童道德发展的核心在于道德思维的发展，而道德思维的发展又是以逻辑思维的发展为前提和条件的。因此，主张在道德教育中，要重视对儿童道德认知（包括道德判断和道德推理）能力的引导。科尔伯格道德认知发展理论的基本思想包括三个方面：首先，认知发展是儿童逐渐社会化的过程，道德发展是认知发展的一部分。其次，他强调逻辑思维能力的发展是道德判断力发展的必要条件。科尔伯格认为，一个人的逻辑思维能力是他的道德判断和道德推理发展的基础，而人的逻辑思维能力的发展是有顺序的，儿童、青少年、成年各有自己不同的思维水平，与之相适应，人的道德发展也是有阶段性的。因此，可以根据人的认知发展水平，通过教育来促进其道德的发展。最后，他认为儿童道德发展不能脱离社会的文化环境，是一个与文化相互作用的过程，受到社会环境和文化环境所影响和制约。因此，促进儿童的道德发展，就要加大其参与社会活动的程度，给儿童提供参与社会活动、扮演社会角色的机会。否则，儿童就没有进行道德判断活动的机会，道德发展也无法进行。

一　道德认知—发展的基本阶段

科尔伯格说："这一方法之所以被称为认知的，是因为它承认，在促使儿童对道德问题和道德决定进行积极思考方面，道德教育像智育一样，是有其根据的。而这一方法之所以被称为发展的，是因为它把道德教育的目的看作是促使儿童的道德判断顺着其发展阶段向前发展。"① 由此可见，认知和发展是这一理论的灵魂。个体的道德判断是一个循序渐进的过程，道德教育的主要作用就在于促进青少年朝着其道德认知的较高阶段发展。在教育的过程中，科尔伯格认为，教师应根据青少年已有的道德发展水平确定相应的教育内容，创造机会让青少年接触和思考高于他们一个阶段的道德理由和道德推理，引导他们不断形成新的道德判断发展水平。19世纪80年代初科尔伯格提出了一个三个水平、六个阶段的道德认知—发展阶段模式。在第一水平（前习俗水平）的第一阶段，个体表现为他律道德，因为害怕惩罚而服从各种准则；第二阶段，个体表现为个人主义，

① ［美］柯尔伯格：《道德教育的哲学》，魏贤超、柯森等译，浙江教育出版社2000年版，第278—279页。

以实用目标主导交往，为满足自己的利益而行动，要求他人也这样做，平等交换。第二水平（习俗水平）中第三阶段，个体表现为人际顺从，具有人际期望，按照他人的期望扮演自己的角色，肯定人与人之间善意的重要性，希望做一个大家公认的"好人"；第四阶段，个体表现为维护社会系统，具备一定的良知，履行义务，维护公共机构的整体性。第三水平（后习俗水平或原则化水平），个体意识到价值标准的存在是与群体有关的，应当遵守，而"像生命、自由等与群体无关的准则及权力，在任何社会不管多数人的意见如何也必须遵守。"① 如法律责任感；第六阶段也是道德发展的最高阶段，个体遵循自己信仰的普遍的伦理学原则处事，并形成强烈的责任感，把它当作自己的义务。即使法律违背了这些原则，个体仍以之行动。这样的个体被科尔伯格称作"理智者"，"这些原则是普遍性的公平原则：人权均等、作为有个性者的人的尊严受到尊重。"② 此六个阶段反映出道德认知的完整发展过程，它们是一个不可分割的有机整体。科尔伯格认为，个体道德认知的发展安全按照这个顺序来进行，从低级到高级逐级发展，它既不会后退，也不会呈现出跳跃式的发展。外在因素，如社会环境、文化和教育等的影响只加快或者延缓这一过程，但却不可能改变它。科尔伯格说："发展性的变化意味着，运动是以某种顺序向前发展并且不会跳跃发展的步骤的。这种阶段的概念的基本含义是，一系列阶段组成一种恒定不变的发展性顺序。"③ 在发展过程中，前一阶段的道德发展成为总是融汇到或整合进入下一阶段的发展的成分之中，并为下一阶段所取代，进而形成新的成分。正如科尔伯格所说的，较高阶段把较低阶段作为组成成分包含进来，并在较高水平上重整整合，阶段就是道德价值和判断不断分化整合的结果。

---

① ［美］柯尔伯格：《道德教育的哲学》，魏贤超、柯森等译，浙江教育出版社2000年版，第99—101页。
② 同上。
③ 同上书，第49页。

二　道德教育方法

1. 道德讨论法

道德讨论法是在德育过程中给学生设置各种情境（如道德两难故事、问题等），诱发学生的认知冲突，激发学生的道德兴趣，引导他们对这些问题和情境进行讨论。在学生的积极思考、主动探究中，促进他们道德思维和道德判断能力的发展，从而提高他们的道德水平。由于该方法类似于古希腊哲学家苏格拉底的诘问式教学方法，因此有人又把它称作"新苏格拉底法"。科尔伯格认为道德讨论法一般包括五个程序：第一步是分组。根据科尔伯格道德判断量表测评学生的道德发展阶段，据此将学生分为不同的讨论小组。第二步是选择两难故事和道德情境。第三步是通过引导，使学生对即将进行的讨论有正确的理解、期待。第四步是讨论。讨论分为开始阶段和深入阶段。在开始阶段，教师要确保学生能够接受、理解问题并引导他们说出判断的根据，鼓励持不同观点的学生进行积极的讨论、沟通。深入阶段，打断相邻的学生，就他们的观点进行讨论，促使较低阶段的学生认识到自己观点的不合适并趋向于较高阶段的推理。第五步讨论结束。小组成员按阶段一次性讨论了所有的观点，产生认知冲突体验后讨论活动即可宣告结束或转入另一个"两难问题"的讨论。道德讨论法促进儿童道德判断发展的效果是明显的。布莱特和科尔伯格在犹太人主日学校的试验，道韦尔在波士一所高中进行的重复性试验，哈里斯进行的"直接讨论"和"心理意识"研究等都证明了这一点。因此，道德讨论法可以通过提高道德判断能力而间接影响道德行为。

2. 公正团体法

1969 年，科尔伯格访问了以色列集体农庄的一所学校，他发现在这所学校中教育既能使学生学会生活，又能使之遵守社会规则。这些规则通常不是由教师通过抽象的说理教给学生，而是学生通过在集体生活中共同交往对规则的实践和讨论得来的。一项规则或纪律经过讨论一旦确定下来，便有了集体的权威，从而要求每个成员都必须遵守。如果有人违反了规则，不仅会受到成人的反对，而且还会遭到同伴的指责。这些规则反映了个人利益和团体利益的统一。在教育过程中，教育者不仅是道德发展的促进者，而且是社会道德观的支持者，是讨论的领导者。为了确定这种教育方法在促进学生道德发展上的有效性，科尔伯格对该校儿童的道德推理发展水平进行了测验。结果表明，儿童的道德发展得分比其他地区犹太儿童要高。几乎所有的被测试者都能达到阶段4的水平，还有少数儿童达到阶段5的水平，其比率比美国等工业发达国家高得多。以色列集体农庄的教育精神转变了科尔伯格的教育观点，为公正团体法的产生提供了最初的实践模式。科尔伯格认识到团体的作用对于个体道德形成所具有的重大作用，并提出了他的新的方法——公正团体法。这种方法突破了引导道德精英的局限，它致力于引导大多数健康的公民。由于他的这种方法与柏拉图在《理想国》中主张一样，并吸收了《理想国》中的思想，因此，它又叫新柏拉图方法。科尔伯格指出："如果我们认为，创造一个特别公正的社会是具有价值的，那么，我们所引发的这种阶段发展就是有价值的。在个体作为某个社团的终身成员而生活的地方，显然，在群体里促进公正观念和社团观念的阶段发展是值得我们花时间的。"①

三　道德认知发展理论的借鉴意义

1. 引发价值观念冲突，提高青少年价值判断能力

科尔伯格主张在道德教育中，要重视对儿童道德认知（包括道德判断和道德推理）能力的引导。教师可以通过"认知冲突法"和"角色扮演法"达成促进青少年道德认知发展的目的。科尔伯格认为，个体道德发展的动力既不是来自他的先天成熟，也不是来自他的后天学习，而是来自个体与社会的相互作用。通过给青少年提供社会参与，可以促进他们道德认知的发展。例如，"认知冲突法"即

---

① ［美］柯尔伯格：《道德教育的哲学》，魏超贤、柯森等译，浙江教育出版社2000年版，第320页。

要求教师给学生提出一些道德两难问题让他们进行讨论以引发认知冲突。前提是要符合学生的道德水平和阶段，过高、过低都不行。如果对道德水平要求过高，学生接受不了；如果道德水平要求过低，则不能激发学生的兴趣，不能激励学生进行创造性思考。通过对不同观点的分析与讨论，使学生认识到自己观点的不合适并趋向于达到对正确价值观念的接受、认可。科尔伯格认为一个人的道德发展水平与他的道德行为基本上是一致的，青少年所形成的在外表上所表现出来的道德行为是他内心道德发展思想的一种反映。不同的学生，价值认知是不同的，教师应根据学生的不同特点，引导学生对道德故事情境冲突性的权利与义务作出判断，并找出自己思维中的矛盾不当之处，提高学生的道德认知。

2. 发挥同伴群体的影响作用

科尔伯格指出，儿童是道德哲学家，他们是有理性的，能独立思考，能考虑公正原则和自己、他人的利益，可见他非常强调学生的主体性地位。通过他的一系列德育实践可以得知，青少年的主体性的张扬、道德认知的发展也深受同伴群体的影响。在青少年的成长过程中，除了家长、老师的影响之外，青少年与同伴相处的机会更多，他们从群体中获得安全感、自尊感，愿意与同伴的行为、心理保持一致，群体规范对他们也有一定的约束作用。这正是公正团体法的积极体现。因此，同伴群体的影响作用不可小觑。在价值观引导过程中，对那些有重要影响的社会、学习与生活问题，应当在学生中展开广泛的交流，引发他们的"头脑风暴"，促进道德、价值认知的发展。在这个过程中，一要鼓励积极的讨论，不压制相异的观点；二要激发学生深入的思考，引发价值认知的冲突。群体价值、规则一旦达到统一，立即就深入到个体的思想，规范他们的行为。个体的思想、行为将与同伴群体趋同一致，否则，会遭到批评、否定。

3. "潜在课程"在价值观引导中的作用不可忽略

价值观与生活紧紧相连，价值观不知不觉地调适着人们的社会生活。这就对我们学校价值观教育中的课程化和学科化提出了质疑。

从生活的角度出发，价值观教育应当体现在学校生活的每一个环节，而不仅仅是在德育课中，其他的课上也需要价值观的引导和教育。正如赫尔巴特所说的"一切教学都永远具有教育性"，价值观教育尤其应当渗透到学校各门学科的教学过程中，教师应当善于抓住课堂教学中的任何一个契机进行积极的价值观引导。这同科尔伯格所倡导的运用道德讨论法推进每一个学生的道德发展是一致的。科尔伯格通过对潜在课程与道德教育问题进行的专门论述，明确提出运用潜在课程和学校的道德氛围进行道德教育的思想。他认为儿童所做的道德判断、作出道德行为受特定情境的制约，学生所获得的大量价值观念通常并不是来自学校的正规课程，而是来自"潜在课程"，它会比其他任何正规课程都更有积极的影响，建议通过开发隐性课程所提供的资料有效地实现道德教育的目的。

综上所述，科尔伯格的道德认知发展理论论证了促进儿童道德发展的关键是促进儿童的道德判断和推理能力的提高，为我们的青少年工作提供了很多有益的理论和设想。尽管也存在着很多不足，如他过分强调儿童的道德认知、判断能力的提高却忽视具体的道德内容；道德发展阶段的理论仅仅以少数英才做被试，代表性小，很少人能达到最后两个阶段的道德水平。因此，我们应当在借鉴的过程中积极超越，与实际相结合，这样才能灵活应用，达到实效。

第三节　"体谅"模式

体谅模式是英国著名道德教育家彼得·麦克菲尔（Peter Mcphail）和其同事共同创造的一种把学生的道德情感置于价值观教育中心位置的教育模式，该模式吸收了罗杰斯、马斯洛等人的人本主义哲学、心理学思想，并把它作为自己的理论基础。1967—1971年，麦克菲尔等以问卷、访谈的方式对800多名13—18岁的英国中学生进行了三次大规模的调查。结果表明，学生们普遍具有如下需要，即获得体谅与关心、体谅与关心他人、与教师平等相待、和谐相处，他们一致认为"好"的教育行为就是能体谅和宽容；相反，

"坏"的教育行为就是压制和支配。由此，麦克菲尔指出，当代学校过于强调知识的积累，忽视了人的个性发展、社会关系的解决等问题，当代学校应当从实际出发改革德育教学。在他看来，一种道德教育课程的创建，应当以学生的需要为出发点和归宿，满足学生情感及成长的需求。以此为基础，他们编制了一套非常简明、实用而又操作性强的价值观教育教材《生命线》（*Lifeline*）系列教科书及《学会关心》（*Learning to Care*）教师参考书。麦克菲尔等人提出，具有以下品质的学生尤其需要体谅模式的帮助：自我中心、自我陶醉、自私自利、粗暴乖戾以及作为对不幸和不健康的社会反应而产生的其他一些品质。该模式有助于密切师生、生生关系，营造良好的学习与生活氛围。

一　体谅模式理论观点

1. 价值观引导应凸显学生的情感需要

体谅模式反对传统的脱离学生生活的价值观教育方法，倡导价值观教育应贴近生活、回归生活，体现学生的成长与情感需要，这正是体谅模式的要义所在。《生命线》一书提出的针对性别态度、代沟、宗教等与学生成长环境息息相关的问题进行价值观教育，正体现了该模式以生活为中心实施价值观教育、以教育提升生活质量的核心观念。这种思想给我们提供了两种思路，一种是在青少年价值观引导过程中，要格外重视情感的桥梁作用。要从学生的切实需要出发，关注他们碰到的困惑、难题，体谅他们的内心、困境，诱发他们设身处地去关爱、宽容他人。通过关爱他人的思考与实践，青少年开始关爱社会、关爱整个人类。在这一过程中，他们增强了辨别真、善、美、假、恶、丑的能力，强化了对正确价值观念的认同与践行。另一种是德育教材的编写也应以青少年为本。德育教材一贯以机械说教至上，冷漠而脱离生活实际，空洞而缺乏情感共鸣。这种德育教材经实践证明是行不通的，必须从青少年的心理、情感特点出发，具有生活性与教育性、启发性与趣味性相结合，真正起到其良师益友的作用。此外，体谅模式非常重视道德的感染力和榜样的作用，认为行为和态度在心理上是"有感染力"的，品德是感染来的而非直接教育来的，学生从教师的品格魅力和言谈举止中学到的东西要比在教师的授课中学到的东西更为深刻。麦克菲尔坚持认为，模仿榜样是一种教育形式，甚至是一种更高的形式。教师不仅自身应称为学生效仿的榜样，而且还应有意识地提供其他榜样的形象，由此使学生生动有效地理解某种道德观念。有鉴于此，在青少年价值观引导过程中，教师一定要营造相互关心、体谅的课堂气氛，在关心、体谅人上起到表率作用，消除课堂上的不安、忧虑，营造自由、民主的氛围。这是做到"体谅"人的前提条件。

2. 价值观引导的关键在于使个体幸福

反观我国的德育教学，主导方法是对学生进行世界观、人生观、价值观的灌输，主导目的是通过道德理论、规范的传授，提高学生的思想觉悟，使之成为社会主义的建设者和接班人，要求学生严格遵守现成的规章、制度，但其情感、需要、爱好、兴趣却在不知不觉中被忽略了。青少年非但没有通过价值观教育得到内心的慰藉和生命质量的提升，反而对德育课产生了强烈的反感心理。他们身在课堂，心思却游离在课堂之外，德育课形同虚设，这是德育课堂的悲哀，对青少年健康成长更是不利。归根结底，现代德育课堂压抑人的发展，不能使青少年从中获益，不能使个体获得幸福感。德育思维不得不由教育者从青少年对象化的思维转向人性的思维。麦克菲尔认为，关心人和体谅人的品性是道德的基础与核心。他说："为别人而活，是回报性和有动力的，而且在真正意义上可以说是为自己而活。"① 因此，道德教育目的首先在于，把个体从"那些打着个性幌子的破坏性和自我破坏性的冲动"中解救出来，从"在不幸与不健康的社会中养成的自我中心、自恋、自私和暴戾及其他特征"② 中解救出来，赋予个体爱与被爱的力量。可见，体谅模式从关注个体个性、情感的健康发展到其最终关切：即个体的生活幸福。个体幸福也正是价值观引导的目的所

---

① ［美］路易斯·拉思斯：《价值与教学》，魏贤超译，浙江教育出版社2003年版，第331页。

② 同上。

在，体谅模式正可应用来充实我国传统德育的真空地带。德育的重点在于提高青少年参与社会的人际意识、社会意识，提高青少年的责任意义、责任意识和道德意识，引导青少年的价值观，关键在于引导他们具有成熟的社会判断力、敏锐的自我意识和强烈的社会责任感。只有这样，青少年才能正确地认识自己，正确地看待自己的思想观念与行为习惯，并能认真、冷静地从别人的立场出发，认识到自己在社会、集体中所应有的责任，改变刚愎自用、一意孤行的坏习惯，考虑他人的意见、体察他人的感受、与人和谐相处。作为社会中的个体，任何人都不能脱离社会、集体而存在，人具有在社会交往中展示自我，获得尊重与认同的渴望。在体谅模式看来，这种对幸福与快乐的渴望最终需要通过利他的行为来实现。因此，价值观引导重在引导青少年学会关心、体谅，通过利他的思考与行为获得幸福与快乐，重建人与人之间的真诚、互信关系，过上融洽、和谐的人际交往生活。

二　体谅模式的借鉴意义

1. 把体谅情境应用于价值观引导中

《生命线》丛书的第一部分是"设身处地地为别人着想"，要求采用学生亲身经历情景模式以引起学生情感的共鸣，起到了诱发学生内心深处的体谅他人的动机的作用。价值观引导的前提和基础在于师生、学生与学生关系的融洽，那么，体谅情境的应用显得尤为重要。贴近于生活、学习的情境可以锻炼学生解决实际问题的能力，诱发他们关爱他人、社会的内在动机，引导他们具备正确的价值观念，为营造良好的人际关系打下基础。麦克菲尔十分强调情境教育的重要性，他说，德育如果不通过具体的情境、不经由现实的途径必然遭遇失败。因为脱离了情境就等于离开了主体，道德问题就不能被体察和领悟。价值观引导过程中引入的体谅情境应当包括社会、社区、家庭、学校等相异之环境中所发生人际交往问题的各个方面，能够为青少年所经历或者有类似经历的问题情境。通过对不同体谅情境的亲身体验，青少年才能逐渐领会到人的需要、利益、情感、好恶等言语、非言语信号，才能体会到他人的喜怒哀乐，从而引导起人际关系的敏锐度、责任感。可以说，情境的外在刺激对青少年的影响最为深远、直接，是他们设身处地体谅、关心他人的基础和前提。

2. 价值观引导需要各学科教学、社会各种力量的统一

一直以来，德育教材都是自成一家、与其他学科教学分割开来的独立体系。实践证明，青少年价值观引导要取得良好的成效，仅仅依靠一本教材和一个专职德育老师是很不够的。因此，对青少年有关的价值观引导的教材应当与各学科的教学结合起来，其内容应综合各学科知识，凸显价值观教育的主题内涵。麦克菲尔积极主张把德育教材融入各种教材之中。他主持设计的《生命线》教材的内容与历史、文学、语言、科学、社会等多门学科的内容紧密相连的，并且都赋予了较系统的德育思想，即把德育由显性转化为隐性的教育。诺丁斯则从师生、学生与学生之间相互关心体谅的角度，认为价值观培育是包括学校在内的全社会共同责任。青少年的价值观引导工作任重而道远，教育青少年学做人、体谅他人、关爱社会是每个教师不可推卸的责任，各学科教师都有责任把这项育人的工作做好。因为青少年是逐渐社会化的社会人，社会的教化来得更直接、影响也更大。因此，青少年价值观引导问题不仅仅是学校的工作，更是整个社会的工作，需要引起社会各个阶层人们的重视。

3. 价值观引导要立足社会实践

在价值观引导过程中引入情境模式，青少年通过角色扮演进行情感、理性的投入，提高了解决实际问题的能力，引导了在社会参与中的成熟度和独立人格，增强了道德责任感。这其实是社会实践的一个缩影。那么，把价值观引导的课堂延伸到社会中去，不仅完全可行，而且十分必要。体谅模式在教材中设计的为青少年所熟知的一系列情境正是对学生进行社会实践的鼓励和倡导。情境来源于社会生活，其真实生动性与发人深思性很容易引起青少年的共鸣，但它毕竟是有限的，对青少年的教育启迪作用不能面面俱到。因此，青少年的价值观引导仍应立足于社会实践。由于环境和青少年自身条件（所处年龄阶段、个人成熟度）等的限制，在一定时期内，情

境模式应当处于主导地位。随着青少年的成长，其社会化的程度越来越高，那么，就应当把模拟的情境扮演转换到社会实践的课堂中去。在社会实践中，青少年对外在世界的感受更加真实、具体，情感刺激也更加剧烈，思考、处理问题更加理性、全面。

综上所述，体谅模式关注青少年的内心世界，其目的是为了使个体生活幸福和快乐，提升了青少年在价值观教育中的主体地位。它以青少年的生活为基础，教会青少年学会关心体谅别人，设身处地地为别人着想，具有独立的责任意识和道德意识，并从对别人的积极情感中获得真诚回报。体谅模式操作性强，很容易为教师和学生所接受，值得引入我国的青少年价值观引导中去，这是青少年教育的需要，更是时代的呼唤。

第四节　"社会行动"模式

"无论在实践还是认识中，追求真理和创造价值，都是推动人类进步的动力源泉和最高精神支柱，是人类历史活动所特有的两大根本原理、原则。"[1] 作为个人是否具有正确的价值观关乎他们的成功与幸福，而青少年是否具有正确的价值不仅决定着他们个人的成长与成功，更关乎社会的稳定与发展。我国一直把青少年的教育作为工作的重点，而青少年价值观的引导又是重中之重。信息化时代的到来，使社会呈现出多元化的发展趋势，像一把双刃剑，给青少年思想政治教育工作带来机遇的同时也带来了巨大的挑战。因此，本书以社会行动模式这一全新视角出发，为青少年价值观引导工作建言献策。

一　"社会行动模式"理论观点

20 世纪 70 年代，社会行动德育模式产生于欧美各国，作为该理论的代表人物，美国德育学家弗雷德·纽曼致力于探讨青少年行动

---

① 戴茂堂、江畅：《传统价值观念与当代中国》，湖北人民出版社 2001 年版，第 43 页。

技能的重要性、道德推理技能的必要性以及信任和承诺等情感性问题，其目的在于教导学生如何影响公共政策，警示学校在学生的德育中注重行动、强调实践的重要性。在纽曼的代表作《公民行动教育：对中学课程的要求》和《公民行动教育技巧》中，他明确指出，当代学校出现的各种德育理论都偏重于价值澄清，寻找价值原则，发展道德认知力，改变学校德育环境，或致力于使学生获得更多的道德知识，这其实都只是注重增加知识和改变认知结构的研究，而缺乏实施行动的训练和技能，是目前各种研究存在的共同的重大缺陷。为此他提出了社会行动模式的观点，实施道德的前提是采取行动的能力，而道德教育的关键就在于引导和提高学生的行动能力，这才是德育的精髓所在，为此，纽曼把他的主张贯彻于美国威斯康星州麦迪逊一所中学的课程中进行实践。

两大理论假设

社会行动模式中，最关键的问题是要阐述在德育中引导学生改变环境能力的重要性，因此纽曼和其他学者在一系列调查中首先提出了两大理论假设。

1. 道德推动者的含义

纽曼把道德推动者定义为：当自己的利益和他人的利益发生冲突时，不应该只考虑自己而忽略别人和社会公共利益，这才是一个真正有道德的公民。而人们是否把自己看作道德推动者直接影响着人们改变环境的能力，很遗憾的是，很多青少年虽然看到社会生活中不公平、不平等、不道德等丑恶现象，但他们大多数选择了软弱、抱怨甚至逃避责任。因为他们软弱，见义勇为这项中华民族传统美德居然被上纲上线地立了法；因为他们贪图享乐，"宁坐在宝马车里哭，也不坐在自行车上笑"，居然成了择偶标准；因为他们逃避责任，据调查，中国有65%以上的家庭依然是父母养着成年孩子，有30%左右的成年人基本靠父母供养，本来早已应该走向社会的成年人，却成了名副其实的"啃老"一族。这种价值观对于一个正处于成长中的青少年而言，不仅产生了错误的导向作用，影响他们人生观和世界观的形成，更对整个社会的发展造成重大的影响。所以，

"道德推动者"理论的提出给我国德育工作的发展提供了新的发展意见：德育是一项工程庞大的教育工作，它的根本目的是实现人自由而全面的发展，建设社会主义和谐社会。而要实现人的全面发展，首先最重要的是提高青少年的意识，这个意识包括积极参与社会活动的社会意识、人际意识和责任意识，而在参与社会的实践中，引导成熟的社会判断力以及强烈的社会责任感是德育工作的关键。因此，提高青少年的道德责任感，树立正确的价值观，势在必行，当他们拥有了真正的价值导向，就会相应提高道德问题敏感性，当他们认为道德问题再也不是事不关己，而是与自己密切相关时，就会自觉采取行动，影响社会道德现象，自觉与不法现象作斗争、见义勇为、弘扬正能量，践行社会主义荣辱观。

2. 个体心理发展

另一个理论假设是成为道德推动者的前提条件，纽曼认为，要成为道德推动者应具备两个条件：一个是要有影响环境的能力；另一个是个体获得自身的全面发展。首先，所谓影响环境的能力指的是学生发现、研究和解决社会问题的能力，学生不仅要有察觉社会问题的敏感力，还要有解决社会问题，特别是社会道德问题的实践能力，这种能力包括作用于事物的能力、操作能力、人际交往能力和影响公共事务的能力。其一，作用于事物的能力包括审美能力，比如自己搭配服装、欣赏画展；其二，操作能力，比如写编码、操作电脑等；其三，人际交往能力即人的影响能力，包括产生、维持和发展关系的能力（如交朋友）以及经济关系能力（如买卖商品等）；其四，影响公共事务的能力，包括在公共选举过程中的能力和在利益团体中的能力等。[①] 纽曼指出，引导青少年的环境能力不仅是社会行动模式的重点还应当成为学校德育的重要目标，而环境能力的重点是公民行动能力。虽然有些青少年还未拥有选举权、被选举权等一系列政治权利，但是从小引导他们这种环境能力，特别是公

---

① Fred W. Newman. *Education for Citizen Action*: *Challenge for Secondary Curriculum*. Berkeley, Calif: McCutchan, 1975. p. 68.

民行动能力，有利于增强他们的社会责任感，提高他们的主人翁意识。正如我们上文所说，纽曼发现了当下公民教育侧重知识的传授、认知结构的改变，而忽视了对理论的实践，没有看到道德、知识运用的重要性，因而他主张把环境能力和道德教育有机结合起来，并由此构建社会行动的计划。"在这个计划里，根据道德审议和社会政策研究制定政策目标，然后聚集公民一切力量支持该目标的实现，而公民行动的结果就是实际政策的结果。"[①] 同时青少年作为公民的一分子，通过践行自己的社会公民权利、履行自己应尽的义务，来提升自己的道德责任感，端正自己的价值观，如此从实践中树立的价值观、道德意识会远远深刻于从单一的课堂中获得的知识。反观我国的德育模式，长期以来，高校价值观教育一直注重课堂理论灌输，虽取得了一定的成效，但其局限性也是明显的。随着思想文化的多元化，单一封闭的灌输式教育的弊端已经日渐显现，单纯的灌输价值观、世界观已经很难激发学生学习的欲望和积极性，青少年的价值观教育不仅要向他们传授价值理论，更要引导他们的价值判断能力和价值评价能力。而价值判断能力和价值评价能力的引导和提高，单靠理论的灌输是远远不够的，这也是我国随着时代的变迁在教育问题上不断探讨的重点。其次，个体各方面能力的提高与发展是其作用于环境的前提基础。纽曼作为社会行动模式理论的代表人物其实他没有完全否定"价值澄清"理论，相反，他认为对理论知识的全方位学习，对价值观间接经验的全面认识，都是非常必要的，只是应该换一种教育方式，不单单局限于书本知识的传授，理论价值的解读，应多与青少年的生活相联系，了解他们的需要，丰富课程设置，寓教于乐，将生活体验与教学相结合，这与我们下文要讲的道德教育课程的实施密切相关。

（二）道德教育课程的实施

作为社会学家的纽曼，在对青少年社会行动模式的研究中，他

---

① Fred W. Newman. *Education for Citizen Action*: *Challenge for Secondary Curriculum*. Berkeley, Calif: McCutchan, 1975. p. 121.

更像一位教育家，因为他探索的领域已经深入到学校课程的开设，并把这些新的课程付诸实践。在他的相关著作中，他在进一步深入分析论证后指出，在当代学校德育理论和实践主要表现于四个方面：（1）在各个学校教育中，让学生学习历史和社会科学的有关知识；（2）开设有关政府法令、公民教育和法律等课程；（3）在教学中注重对战争、犯罪、贫困等国际社会重大问题的反思；（4）加强逻辑推理能力的智力训练。他认为实际上这些方法使得青少年的公民身份更加被动，而没有真正发挥公民的主体性作用，为了改变正中错位的德育现象，他提出德育不应该强调理论的传播，而应注重学生作用和改变环境能力的引导，把德育方向放在教育学生如何影响政府政策和公民如何在社会变革中扮演的角色上，用实际行动来改变外在环境，达到理想目的。当然，他并没有完全否认课程教育的必要性，而是强调学校要更加重视对青少年实践能力的锻炼，让他们更加灵活地将知识运用到现实生活中，改变一味灌输知识的传统教育方式。反观我国的德育教学，教学模式是以课堂为主，对学生进行世界观、人生观、价值观的灌输，目的是通过道德理论规范的传授，提高学生的思想觉悟，使之成为有理想、有道德、有文化、有纪律的四有新人，要求学生严格遵守规章制度，但学生在学校、社会和生活中的实践活动却被忽略了，青少年非但没有通过价值观教育提升自己的道德责任意识和社会荣辱观，反而对思想政治课产生了强烈的反感，虽然德育课每个学期都有开设，但对于青少年而言，它已然成了应付考试的一种手段，形同虚设，这不仅成了思想政治教育课并将痛定思痛的教训，同时也对青少年健康成长更是不利，使得德育的结果与思想政治教育的目的背道而驰。归根结底，其原因在于现代德育教育课程的单一化，过度重视课本知识的解读，而忽视理论与实践的有机结合，因此纽曼在他的德育课程设置中，注重青少年能力的引导，丰富课程内容。

纽曼把他的理论主张首先贯彻于美国威斯康星州麦迪逊一所中学的社区课程中。该课程的设置渗透在各个学科以及学生参与的各项实践活动中。他提出，社会行动德育由道德研讨、社会政策研讨、政治—法律活动、辩论、群体活动、组织—行政管理、心理平衡机制等组成，涉及哲学、文学、英语、法律、社会学、历史、法律公关、商业管理、会计学、社区组织等，并构成公民行动的教育序列。① 虽然，纽曼只是让学生把辩论焦点集中于社会政策方面，但对于我们今天的德育教育仍有深刻的借鉴意义。广大学校完全可以开展辩论赛、模拟法庭等有现实意义的比赛，让青少年在活动中针对某个社会热点问题、道德现象进行深入的讨论。在活动中，学生不仅能对具体的问题形成自己的见解和价值观，更能引导自己各个方面的能力，正如纽曼所言，以上课程的设置是为了引导青少年七种能力："（1）用口头和书面语言有效沟通的能力；（2）收集并有条理地阐述公共政策资料的能力；（3）参与政治与法律决策过程的能力；（4）具有根据公正民主原则，合理地论证有关行动策略争端的能力；（5）与他人合作的能力；（6）在小组中参与探讨问题，并解决社会普遍问题的能力；（7）具备影响公共政策决定和实施的技巧。"② 而这也是我们上文所说的，青少年作为道德推动者所应有的环境影响力的必要条件。纽曼还强调了教师在公民行动教育中的重要作用，他们不仅为学生的行动提供政策指导，作为行动的顾问和心理咨询师，更为学生提供各项人力物力的支持，而且他们以身作则，本身就积极参加公民行动。正如我国思想政治教育所遵守的"以学生为本"的原则，就是以学生为中心，让学生自主教育、管理自己的工作，服务自己，开展学生思想政治教育工作。作为教育工作者，我们深深地知道，其实最了解学生的是学生自己，让学生自己在实践中锻炼、认识自己是思想政治教育的重要手段之一。"苏联著名教育家苏霍姆林斯基曾经指出：学生在精神生活的一切领域里的自我教育，才能使他成为一个真正的人。"③ 所谓的"以学生为

---

① Fred W. Newman. *Education for Citizen Action: Challenge for Secondary Curriculum*. Berkeley, Calif: McCutchan, 1975. p. 225.

② Ibid. , p. 287.

③ 刘可风：《以学生为本：高校学生事务管理新理念》，《中国地质教育》2007 年第 3 期。

本"就是指在老师的适当指引下，给予学生足够的信任和支持，依靠学生自己来开展活动、组织行为。

二　对青少年价值观引导的借鉴

1. 提高道德责任感，注重实践

首先，随着改革开放的深入，市场经济的发展开阔了青少年的视野，有利于他们个性的发展和才能的发挥，但又容易产生个人主义和功利主义，造成社青少年的价值观多元化的趋势。重视物质利益，追求个人的自由发展，对金钱、道义、权力都表现出极大的兴趣，对是非、善恶、美丑的判断也有很大差异。比如16岁少年卖肾买"苹果"手机、自己的理想是当大官包"二奶"，认为雷锋为人民服务的行为很傻等，这些现象反映出，现在的许多青少年受市场经济的影响，道德水平急剧下降，根本没有意识到自己作为一名社会公民对社会应尽的责任，更不可能成为主动改变环境的"道德推动者"。纽曼在社会行动模式中提出，要成为一名合格的道德推动者，首先要有强烈的道德责任感，而强烈的道德责任感正是正确价值观的体现，所以，作为社会、学校，我们应首先建立起一个正确健康的青少年价值导向体系，确立一个健康而且正确的主流价值取向，是开展正确引导青少年价值观工作的重要前提。正如习近平总书记在十八大报告中作出了"建设社会主义核心价值体系，增强社会主义意识形态的吸引力和凝聚力"的重大战略任务，对建设社会主义核心价值体系提出了明确、系统的新要求。因此，在改革开放30年社会主义市场经济蓬勃发展的今天，强化社会主义核心价值观的导向作用，加强对青少年进行社会主义核心价值观的教育，是帮助并引导青少年树立正确的、科学的价值观的必然选择，是我国思想政治教育工作的必由之路。

其次，在人的价值观的形成过程中，实践起着决定作用。马克思主义认为，社会生活的本质是实践，而教育作为实践的重要手段，其根本目的是引导人们生活，过上更有意义的人生。德育并不是一味地告诉青少年什么是对的，什么是错的，什么应该做，什么不应该做，而是告诉人们如何有意义地生活，如何成为一个真正的社会人，发展社会关系，当然它也必须时刻关注着个人的生活和生存状况，能够用价值观念和理想引导人们向善，改变现实生活，实现美好愿望。纽曼指出，青少年推动道德进步的主要表现是对环境的改变，而这些改变需要青少年的学习能力、交往能力、判断能力、组织策划等能力的引导，而社会实践活动恰恰是青少年认识自己、体验社会和形成价值观的主要过程。在社会实践中，青少年在交往中学习、生活、互动，树立回报社会、服务人民的责任意识，形成为人民服务为核心的集体主义价值观，并将这个价值观付诸实践，从而加深青少年对社会主义核心价值观的认同。我们知道，开展青少年实践活动的种类有很多，而纽曼为我们提供了一种值得借鉴的德育模式：让学生参与到社会实践中去，公民道德教育不只是理论的灌输，而是知行合一的引导。如何不让公民行动教育纸上谈兵，作为社会、学校和家庭，我们结合我国的实际情况，提出以下几种社会实践活动。

（1）学校定期组织学生到基层政府参观，听取街道、社区、村委会等的相关政策报告，并对政策报告提出自己的异议和见解，并把此项活动作为考察课程之一，以此激励学生的学习参与热情，积极行使公民权利和义务，提高政治参与度和国家责任感。

（2）每个学校、每个班级应策划出有自己风格代表的公益活动，慰问孤寡老人、看望孤儿、学雷锋发现好人好事等有创意的慈善活动，并成为青少年的必修课，纳入升学考察标准。以此，鼓励青少年学生走出校园，走入现实生活，发现身边的感动，学会感受生活的美好，提高道德意识，引导真善美的爱心，树立正直、勇敢、善良的人生观、价值观，推动社会主义和谐社会的建立。

（3）促进学生行动力的提升，不仅需要社会和学校的帮助，更需要家庭的大力支持。父母作为青少年最亲近、接触最多的群体，他们是孩子最好的老师，因此，为人父母更应身体力行，践行社会主义核心价值观，在日常生活中用实际行动告诉孩子哪些是对的，哪些是错误的；经常陪孩子参观博物馆、纪念堂等地，缅怀革命精神；适时开展家庭会议，沟通想法，拉近与孩子之间的距离，同时探讨社会热点问题，让孩子深刻地感受到父母也在不断地学习进步，关心国家大事，履行公民的权利和义务，从而增强社会责任意识；选择适当时机，和他们一起从小事做起，从一点一滴做起，孝顺父母、见义勇为、保护环境、爱岗敬业，弘扬社会正能量。也许每个学校、家庭的情况不一，所能给予孩子实践的帮助与支持也参差不齐，但是作为学校和社会要适时地关注每个家庭中家长的教育方式与亲子关系，学校和家庭双方要多沟通、多交流，虽然能够支持帮助的力量有限，但是孩子的成长只有一次，价值观一旦形成就会对个人和社会造成终身的影响，所以社会、学校和家长都要发挥自己最大的作用。

2. 加强隐性教育，以学生为本

传统的思想政治教育是在专业老师的指导下进行的，这种教育模式既有好的方面也有其弊端。一方面专业老师的指导，有利于对学生的管理；而另一方面却使德育工作脱离青少年的现实社会行动，不能有力地指导他们在现实生活中的行动。而纽曼的社会行动模式为我们提供了一种将社会行动与教学充分结合的学科课程，这种课程不但使学生的社会生活探究、志愿者服务、主动参与社会公共政策制定和实施的行动，在老师的指导下科学有效地进行，同时也使得这些实践活动的实施更富有可行性和指导性。尽管这种模式所需要的条件过高，在我国实行的难度过大，但是思路是非常值得借鉴的。当前，在我国的思想政治教育中唯课程化现象比较严重，德育教育的考查方式太过单一，教育内容的枯燥，再加上处于青春期的青少年不易集中注意力，只对新奇事物感兴趣的特点，造成了大量学生对思政课的排斥、敷衍。为此我们可以借鉴纽曼的思路提出以下两点改变唯课程论的意见。

首先，加强隐性德育教育，所谓隐性教育是指在宏观主导下通过隐目的、间接、内隐的社会活动使受教育者不知不觉地受到影响的教育过程，它以"潜移默化"、"润物无声"的方式对受教育者的思想、观念、价值、道德、态度、情感等产生影响。将思想政治教育融入不同的学科当中，学习纽曼的课程理念，作为学校管理者，要针对不同年龄的青少年开设不同的课程科目，但这些科目是要有针对性的和衔接性的，如何在历史课堂中让学生树立历史责任感，在政治课堂中增强社会责任意识；开设哪些课程既可以锻炼学生的交往能力，增强服务意识，主动参与社会行动，树立社会主人翁意识，都需要广大教育工作者深刻地思考，当然这对教育者来说也是一项挑战，因此，进一步加强教师的职业道德建设，提高他们教书育人的水平，尤其是把创新课程、隐性教育的能力作为考核教师教学情况的重要指标，以此完善教育评价体系。同时，利用新媒体技术，加强校园文化建设也是加强隐性教育的重要途径。新媒体作为信息时代的新的传播工具，以其方便、快捷、信息量大的优点吸引着广大教育者和青少年。特别是青少年易于接受新鲜事物，新媒体在他们其中的影响力极大，而校园文化历来是高校精神文明、思想政治工作的重要载体，新媒体与校园文化的结合是发挥思想政治教育最大作用的隐性手段之一，如何将二者结合起来营造出一种良好的文化氛围，使学生在潜移默化中内化价值观和思想意识，是各个学校都在大力探讨的问题。当然，如果条件允许，各个学校应可以发挥学生的主体作用，让学生亲自参与到新媒体校园网站的建设中，让有兴趣、有能力的学生轮流管理、打理校园网站。而学校作为管理者，应建立相应配套评定机制，让全体师生参与到网站建设的评定中，定期选出最好的学生管理者，进行奖励，对于排名较后的学生管理者，采取淘汰的措施，以此激励学生积极地参与到学校文化建设中，不仅营造出良好的校园文化氛围，更在潜移默化中发挥思想道德教育的隐性作用。

其次，以学生为本，让学生自己组织开展管理活动。正如纽曼所言只有青少年自己参与到社会行动中才能锻炼自己的能力，推动社会道德的进步，不让德育成为一纸空文。因此，学校应在自己有能力的条件下，创建一些有影响的学生组织，让这些学生组织形成有自己特色的社团活动。这里中学完全可以借鉴一些大学的社团活动思路。比如，成立时政社团，每天、每周、每月可以总结出一些国内外时政热点，违法乱纪、道德败坏等现象，组织同学参与讨论，建言献策，在提高自己归纳总结材料能力的同时，以此增强了自己的公民意识；比如，建立志愿者协会，让学生自己联系社会福利组织，定期举行公益活动，在锻炼自己交往能力的同时，提升自己的荣辱意识；再比如，定期举行辩论赛，就社会上热议的道德现象进行辩论，在增强思辨能力的同时，树立道德责任感。当然，还有很多既锻炼青少年能力，又有利于树立正确价值观的有意义活动，有待于教育工作者的进一步挖掘。虽然我们不能做到像纽曼在社会行动模式中所提出的开设涉及哲学、文学、英语、法律、社会学、历史、法律公关、商业管理、会计学、社区组织的课程，来锻炼青少年交际、总结、辩论、论证有关行动策略争端等能力，但是在现有的条件下，提供给学生社会、学校、家庭的支持，充分挖掘他们的实践能力，在改变环境中提升自己，在改造世界中推动社会道德的进步，是我们任重而道远的责任。

第十一章　新媒体背景下青少年核心价值观的引导

第一节　核心价值观及其存在的合理性

本书开头我们已经讲到，价值是表示客体属性与主体需要的关系，客体属性对主体需要的肯定或否定关系，客体能否满足、在什么意义上满足以及在多大程度上满足主体需要的关系。而价值观是一种价值意识，是对价值关系的反映，是指导人们思想行为的根本的价值意识。价值观作为一种意识，其反映的对象不是一般客体，而是客体属性和主体之间的关系，即价值关系。价值观不与政治、法律、艺术、道德、科学这些社会意识形式相并列，而是渗透在一切社会意识的形式之中，是通过各种社会意识形式表现出来的更深层的带有一定倾向性的价值意识。价值观是人们对物质世界和精神世界的判断、评价、取向和选择，在深层上表现为人生处世哲学，包括理想信念和人生的目的、意义、使命、态度，而在表层上则表现为对利弊、得失、真假、善恶、美丑、义利、情理等的权衡和取舍。价值观反映主体的根本地位、需要、利益以及主体实现自己利益和需要的能力、活动方式存在的人的精神目标系统，是人和社会精神文化系统中深层的、相对稳定而起主导作用的部分。

"任何一个社会群体，都有属于自身的文化，群体成员共同拥有和信奉的价值观。任何一个社会个体，都是文化的产物，都有自己接受和遵循的价值观。任何社会群体的形成，都是由于群体成员的文化认同，由于一种大家共同认可的价值观、一个共同追求的理想目标而走到一起。"① 从价值观构成体系而言，价值观可以分为两大类：一是一般价值观；二是核心价值观。在一个社会的价值观体系中，各种价值观的地位并不相同，有些价值观处于主导地位，有些价值观处于从属地位。处于主导地位的价值观代表着价值体系的基本特征，体现着价值体系的基本价值倾向，统领着其他处于从属地位的价值观，是一种社会制度普遍遵循的基本原则，是一种文化区别于另一种文化的基本价值观念。也就是说，核心价值观是社会价值观体系中起主导和支配作用的价值观。一般价值观是从属于核心价值观并受核心价值观决定或支配的价值观。

一个民族、一个国家、一个社会在长期的认识世界和改造世界的实践活动中，必然要形成一定的价值观念，其中居核心地位、起主导和统领作用的就是其核心价值观。核心价值观，涵盖社会发展的指导思想和价值取向，决定着社会意识的性质和方向，影响着人们的思想观念、思维方式、行为规范，引领着社会思潮，是推动社会前进的精神旗帜，是一定的社会系统得以运转、一定的社会秩序得以维持的基本精神依托。它对一个民族、一个国家、一个社会发展具有凝聚、导向、激励和规范功能，这是核心价值观合理存在的依据。

1. 凝聚功能

凝聚有积聚、聚合之意。核心价值观凝聚人心的作用体现在文化的认同功能上。"文化认同"是人们在一个民族共同体中长期共同生活所形成的对本民族最有意义的事物的肯定性体认，其核心是对一个民族的基本价值的认同；是凝聚这个民族共同体的精神纽带，是这个民族共同体生命延续的精神基础。它是社会、国家和民族的"黏合剂"，是社会、国家和民族等共同体保证有序运转的基础。文化认同可分为多个层次的，其中最核心的是价值认同。从社会层面角度看，价值认同是社会共同体成员自觉维护共同体利益以及他们

---

① 袁贵仁：《建设先进的文化和价值观》，《学习时报》2001 年 12 月 24 日。

共享的价值观念，体现出强烈的文化凝聚力和向心力。正是由于对共同价值的认同，特定的文化才会产生统摄力和吸引力，个体文化才会对特定的文化产生向心力和凝聚力。

2. 导向功能

导向有引向之意。核心价值观为人类的活动确定方向，使人的活动沿着一定的方向逐步达到预定目标或目的。在现代社会，社会的价值导向是以国家的形式出现的，国家作为社会的代言人，成为社会价值导向的主体。因此，社会价值导向往往是以国家意识形态的面目出现。如社会主义核心价值观就是社会主义国家的核心意识形态，它是按照社会发展规律，适应社会发展要求确立的主导价值观念，只有坚持这一主流意识形态不动摇，才能保证中国特色社会主义的健康发展。

3. 激励功能

激励有激发和鼓励之意。需要是价值产生的根源，人对价值自觉追求的目的，就是通过有意识、有目的活动以满足自身的各种需要。因此，满足需要的愿望，是创造价值的根本动力，是人们一切活动的内在激励动机。需要总是为人所意识到才成其为现实的需要，它首先表现在人们的观念中，形成对人的需要的价值意识和价值判断，驱动、导向和调节人们的活动。这就是价值观念成为激励人的活动的内在推动力的根据。

4. 规范功能

规范有典范之意。核心价值观要对人的行为发挥作用，就必须通过一定的社会形式，即表现为一定的规范，也就是说为人们提供具体的行为准则，价值观念才能具体地指导人们的行为，才能保障社会正常、健康运转，否则，就会出现"价值失落"现象，社会成员无所适从，从而导致某种程度的秩序混乱。因此，从某种意义上说，社会核心价值观是一定的社会系统得以运转、一定的社会秩序得以维持的基本精神依托，它关系国家的兴衰成败，关系社会的进退治乱。

第二节　用系统科学理论构建核心价值观引导

一　系统科学理论概述

系统科学理论是一种新兴的科学方法论，它着重考察各类系统的关系和属性，揭示系统活动规律，探讨有关系统的各种理论和方法。它包括信息论、控制论、系统论。这三个理论是一个相互关联的整体，可以归纳总结为三大原理——反馈原理、有序原理和整体原理。

1. 整体原理

整体原理是指任何系统都是一个有机的整体，它不是各个部分的机械组合或简单相加，系统的整体功能是各要素在孤立状态下所没有的性质。一方面，事物在整体的趋效下依照一定规律而存在，观察事物首先要从整体的角度去认识，把握其综合效应；另一方面，构成整体的各要素是相互联系、相互影响、相互制约的，我们应看到事物的巧妙组合，了解事物要素之间的结合，并在此基础上理解整体功能，探讨整体现象。

2. 顺序原理

所谓顺序原理指的是任何事物的结合都不可能是杂乱无章的凑合，而是存在一定的规律性。因此，在分析处理某一具体问题的时候，既要考虑事物的次序结构，也要充分考虑各部分的条件、规模与功效，要估计各个要素在系统中的轻重缓急，从而抓住重点，保证系统的正态分布。

3. 反馈原理

反馈原理是指观察事物的目的在于调整，即是说，要通过控制将信息作用所造成的后果再输送回来，实现影响效益。这种系统的回返，是观察的最终目的，是系统进一步更新的保障。

二　用系统科学理论构建核心价值观引导

用系统科学理论构建核心价值观引导，就是要把核心价值观引导即核心价值体系的引导看作是一个系统工程，用整体原理、顺序原理和反馈原理来构建起核心价值观引导体系。

一个群体、一个民族、一个国家、一个社会的核心价值观形成不是一步到位，也不是某一方面、某一层面教育就可以形成的，它需要全方位、多层次、持续不断地培育，也就是需要一个整体系统过程，特别是随着社会的经济文化飞速发展和知识的爆炸时代的到来，现代社会已经进入了学习型社会。学习型社会，就是以知识经济为基础、以人全面发展为目标的全民教育、终身教育和可持续发展的社会。这就要求要把家庭引导、学校引导和社会引导紧密结合起来，各级共青团组织、妇联组织、教育行政部门和各级学校要与社区密切合作，并积极运用新闻媒体和互联网进行宣传，才能保证核心价值观有效形成。

用系统科学理论构建核心价值观引导，就是要遵循青少年引导规律的基础上，对青少年进行循序渐进、因材施教、有的放矢的教育。

用系统科学理论构建核心价值观引导，在进行思想政治教育的过程中，要善于把马克思主义的观点和西方的某些观点及当前的各种社会思潮或观点进行比较分析，从而使青少年对西方的某些观点及当前的各种社会思潮或观点的实质认识得更加清楚。

第三节　用社会主义核心价值观引领新媒体

一　社会主义核心价值观的内涵

价值观（Values），英文释义是"beliefs about what is right and wrong and what is important in life"，包含是非标准、生活准则、信念的意思。在哲学中，对"价值观"的解释往往是指主体对客体有用性、存在意义以及重要性的总的看法和基本观点。[1] 不同的民族、国

---

① 参见百度百科"价值观"词条（http: //baike. baidu. com/view/135672. htm? fr = aladdin）。

家、阶级有其相对稳定的价值观体系，并在一定程度上积淀在社会文化之中，形成其独特的思维方式、价值判断。而在一系列的价值观中，起着支配与主导作用并在一定时期内保持稳定性的价值观就是核心价值观，它是一个社会价值观的中心与内核，是统治阶级判断社会事物的是非标准、价值取向与行为准则，它支撑和影响着所有价值判断。对于社会主义国家，"社会主义核心价值体系是兴国之魂，决定着中国特色社会主义发展的方向"。① 中国共产党十六届六中全会通过的《中共中央关于构建社会主义核心社会若干重大问题的决定》首次科学概括了"社会主义核心价值体系"，明确了社会主义核心价值体系在社会主义核心社会建设中的重大意义。继后，中国共产党第十八次全国代表大会进一步提出和概括了"社会主义核心价值观"——"倡导富强、民主、文明、和谐，倡导自由、平等、公正、法治，倡导爱国、敬业、诚信、友善，积极培育和践行社会主义核心价值观"②，社会主义核心价值观与社会主义核心价值体系都体现了社会主义意识形态的本质要求，是中国特色社会主义道路、理论体系与制度的价值表达。而社会主义核心价值观则是社会主义价值体系本质和内容的高度凝练，在社会主义核心价值体系中居统治地位、起指导作用的理念概括。

社会主义核心价值观分别从国家、社会、个人三个层面明确了社会主义的价值目标、价值导向及实践主体的道德准则，三者依存为一个严谨的逻辑整体，相互作用。"富强、民主、文明、和谐"是立于国家层面的奋斗目标，在社会主义核心价值观中居于最高层次；从社会层面探讨的"自由、平等、公正、法治"则是对美好社会的生动表述，是对社会主义核心价值观基本理念的凝练；而从公民个人层面看，"爱国、敬业、诚信、友善"则覆盖了社会道德生活的各个领域，是评价公民道德行为选择的基本价值标准。这三个层面是社会主义核心价值观对新时代的反映，是从精神观念层面对社会主

---

① 胡锦涛：《坚定不移沿着中国特色社会主义道路前进，为全面建成小康社会而奋斗——在中国共产党第十八次全国代表大会上的报告》，人民出版社 2012 年版，第 31 页。
② 同上书，第 31—32 页。

义核心价值体系作出新的解释，它们表现在始终坚持以人为本、实现共同富裕与共同正义、坚守爱国主义与改革创新与遵守"八荣八耻"社会主义荣辱观。[①]

社会主义核心价值观所囊括的三个层面都明确了人民群众新的价值诉求。在变幻莫测的信息技术时代中，社会主义核心价值观始终坚持科学发展观的核心，以人为本，追求人民的共同富裕与共同正义，面对纷繁多样的世界文化思潮，顺应时代的发展不断创新与开拓新的传播渠道，构建满足人民文化需求的新平台，引导人民坚守爱国主义与遵守"八荣八耻"社会主义荣辱观，促进人的全面发展，真正树立社会主义核心价值观。

二　新媒体信息文化与社会主义核心价值观的内在关系

从表面上看，信息文化与社会主义核心价值观似乎风马牛不相及，一个是"接地气"的广泛流行的社会文化，一个则是高居庙堂、具有"高大上"气质的权威文化，八竿子都打不着的关系。但仔细斟酌，你会发现信息文化与社会主义核心价值观具有紧密的内在关系。

1. 信息文化中蕴含着民主、自由、平等、爱国等精神

信息文化中蕴含的民主、自由、平等、爱国等精神无疑与社会主义核心价值观相吻合。民主、自由、平等、爱国这些精神气质一直是人类追求的价值目标，人们崇尚由信息文化环境衍生的民主、自由、平等的和谐氛围，凭借互联网这个平台试图湮灭、消除现实生活中的不平等性。人们说网络有种新规则，那就是：特权，等级，权威在网络也不起作用，无论男女老少，无论学历高低，无论地位显赫与否，人人在网络面前都是平等的。每个网络成员，都可以自由地参与信息、文化的交流、制造和传播。发达的信息技术促进社会各个职能部门的决策，行为公开化、透明化，使广大人民群众能够更多地掌握信息，参与决策，民主监督，同时，来源广泛的众多

---

① 钟明华、黄荟：《社会主义核心价值观的内涵解析》，《山东社会科学》2009 年第12 期。

信息为人们的多种选择提供了可能，所以，信息文化也促进了社会的民主化进程。在危机、灾难、战争等突发事件和重大事件发生的时候，人们可以通过互联网追踪事件的进程，关注国家富强和民族未来，表达对国家和民族的热爱之情。汶川地震发生后，从微博直播救援动态，到社交网站自发组织募捐活动、发起寻人启事，再到网友纷纷留言发帖为汶川守望鼓劲，各种形式的自愿救援行动为地震灾区注入了强大的精神动力和情感支援。信息文化反映出来的这种民主、自由、平等、爱国等精神气质是社会主义核心价值观的最本质最核心的体现。

2. 信息文化拓展了社会主义核心价值观的宣传载体和传播空间

社会主义核心价值观担负中华民族"铸魂工程"的伟大使命，把社会主义核心价值观从居于庙堂之上的党的执政理念转化为社会的普遍思想共识和行动指南需要借助有效的多样化的宣传载体。过去，信息技术没有普及之前，电视、书籍、报纸、杂志等传统媒介成为主流思想和国家意识形态的主要传播渠道，这些传播媒介虽然有一定的成效，但是也存在着无法克服的局限性。时效性差；信息承载量小；生动性和感染力弱，一定程度上限制了社会主义核心价值观顺利融入社会生活的各个领域。而信息时代，信息技术集多功能于一体。博客、论坛、微信、手机飞信、腾讯QQ等载体，相较于传统媒体，它们具有许多优势，例如信息内容的海涵性、传播方式的平等性和交互性、信息传播的时效性和生动性等。毋庸置疑，这些优势为社会主义核心价值观的传播创设了一个情理交融、心灵交汇、生动立体的情境，揭开了社会主义核心价值观的神秘面纱，使得信息文化的广大受众对社会主义核心价值观有了更加深刻的、更加丰富的理解，并逐渐内化为自我意识，增强了理论的实践性。

3. 信息文化的负面功能冲击着社会主义核心价值观的构建

信息文化价值观的多元化、生活空间的虚拟化、信息的泛滥化，信仰的虚无化等特点造成了实践主体越来越丧失自我而成为单向度的人，甚至成为逃避现实，尽可能避免人际交往；对未来抱悲观态度；永远在寻求多样化，渴望获得信息；价值观念在浪漫主义和漠不关心、个人主义和集体主义、约束和反约束之间摇摆不定的数字化人和网络人①。这无疑与"人的全面自由发展"南辕北辙，背道而驰，不利于个人爱国、敬业、诚信、友善等品质的引导。利用信息网络从事高科技违法犯罪的也层出不穷，如在网上传播、贩卖色情暴力；窃取他人钱财；实施经济诈骗；甚至传授各种犯罪手段和反侦探的知识以及各种非法的黑客行为。这些都给社会带来严重的危害和财产损失，不利于社会自由、平等、公正、法治建设。更值得警惕的是，"一个文化因素在它本土的社会体内本是无害或是有利的，但是在它闯进的另一个社会体中，却很容易产生意外的、极大的破坏作用"②，信息时代，不同民族文化跨越时空的限制进行着激烈的竞争，文化殖民，信息霸权，价值观攻击成为西方推行霸权主义的主要手段，享乐主义、工具主义、道德相对主义、资本逻辑、极端个人主义的盛行冲击着我国的传统文化和主流价值观，削弱了我们的网络话语权和舆论宣传的控制力，敌对势力可以通过网络窃取国家要害部门的军事、政治机密，造成信息失窃和对国家安全的威胁，不利于实现国家的富强、民主、文明、和谐。以上种种消极影响，如不及时采取措施加以防范和控制，势必导致社会主义共同理想信念的动摇，对国家和民族自信心的丧失，最终使得社会主义核心价值观失去凝聚力和向心力。

三 信息文化存在的问题

"每一种技术和科学的馈赠都有其黑暗面。数字化生存也不例外。"③ 信息大爆炸时代，信息文化犹如天使与魔鬼的化身，其正面功能充分彰显为人类创造福祉的同时，负面效应也日益突出，严重阻碍了社会的进步和人的自由全面发展。

---

① 埃菲社：《计算机中长大的"数字化一代"》，《参考消息》1995年11月2日第3版。

② ［英］汤因比：《历史研究》，曹未风译，上海人民出版社1960年版，第89页。

③ ［美］尼葛洛庞帝：《数字化生存》，海南出版社1996年版，第122页。

1. 信息污染

据科学统计，现在全球大概有 100 亿信息单元的信息量在传播，并且以 15%—20% 的年增长率在迅速攀升。信息井喷的趋势，一方面为社会的发展提供了强大的信息动力；另一方面过剩的信息资源犹如洪涝灾害，形成信息污染。结果，信息出现异化，不但不能成为一种资源，反而成为一种灾难。这里所说的信息污染，是指社会信息流中混杂着许多陈旧过时、虚假伪劣的信息，以至于危害人类的信息环境，影响人们对有效信息正常吸收利用的社会现象①。信息污染无处不在，体现在社会生产生活的方方面面，经济、政治、文化以及日常生活中都充斥着冗余、虚假、陈旧、色情、暴力等不良信息，它降低了整个信息社会的环境指标，影响了工作效率甚至污染着人类的心灵，导致越来越多的人患上"信息疾病"。

2. 信息犯罪

信息技术的发展，为执法办案提供了新的侦查手段，有效地遏制了各种传统的非法犯罪活动，但信息技术的发展，也为一些犯罪分子提供了新的作案手段和便利条件，例如，通过高新技术的武装，出现了数字犯罪、网络造谣、信息窃取与勒索、信息攻击与破坏等新的违法犯罪形式，挑战着传统道德观和法律秩序的权威。这些违反道德准则违反法律规范的新的犯罪行为，成为了信息文化发展道路上的绊脚石，成为社会主义市场经济健康发展的严峻阻碍。

3. 青少年人格缺陷与道德意识弱化

在信息化、网络化的时代，网络文化环境自身的特征决定了它所承载的信息良莠不齐，网络信息不仅是丰富的，而且是泛滥的；不仅是自由的，而且是混乱的；不仅传播事实，而且传播流言。各种合法或不合法、健康或不健康的信息得以快速地进入青少年的视野，对于阅历尚浅、涉世不深的青少年而言，很容易在鱼龙混杂的"信息大爆炸"时代变得思想颓废、信仰缺失、迷失自我。同时，越来越多的青少年过度地迷恋、依赖电脑网络，导致道德判断和选择

---

① 岳剑波：《信息环境论》，书目文献出版社 1996 年版，第 125 页。

能力的降低，产生依赖型人格、孤僻型人格乃至放纵型人格。这些人格是非理性和非现实的缺陷性人格，具有这些人格缺陷的人，往往会扰乱学习、工作和生活的正常秩序；在人际交往中显得无所适从，对现实生活产生恐惧和排斥；道德意识和行为责任意识弱化，冒天下之大不韪，作出有违道德甚至法律的事情。人是立体的生物，而信息文化的消极作用却造就了越来越多的丧失生活激情、判断能力以及追求爱与幸福能力的人，即患有"心灵残疾"的人。

4. 民族文化弱化

众所周知，民族文化是一个民族的精神家园，是一个民族独立的重要标志，更是一个民族发展的不竭动力和根基。作为一种新鲜的文化形式，信息文化巨大的势能迄今为止还没有任何一种文化可以与之抗衡，匹敌，其强大的生产力、传播力、渗透力，迅速、彻底、全方位地改变着人们的生存方式、发展方式、思维方式，改变着世界的文化格局和文化面貌。但是，全球信息化的合理目标和理性追求必然是促进不同民族文化之间的交流、沟通与融合，在求同存异的基础上，实现不同文化模式的大发展、大繁荣，而不是一种文化的独霸或所有文化的同质化。可是，西方发达的国家和地区，凭借经济和信息技术优势大张旗鼓，肆无忌惮地对其他发展中国家进行文化殖民，力图使自己的文化、政治成为全球统一的标准。面对如履薄冰、如临深渊的岌岌可危的局势，以马克思主义为主导的社会主义核心价值观在先进文化的建设中必须占据主导地位，提供精神动力和方向支持，坚决抵制西方的文化霸权主义，勇于面对各种文化挑战，在继承和发扬优秀的民族文化的前提下，确保信息文化朝着富强、民主、文明、和谐的方向昂首阔进。

四　社会主义核心价值观引领新媒体信息文化

1. 促进经济发展，加强不良信息控制和信息审查制度的建设，深化文化体制改革，为信息文化健康发展提供富强、民主、文明、和谐的物质基础和制度支持。

首先，促进经济的发展。邓小平曾说过："我们的国家一定要发展，不发展就会受人欺负，发展才是硬道理。"这句话深刻朴素地表达了经济发展的重要性。改革开放以来，中国的经济持续高速地增长，从未来的发展看，深化改革是加快转变经济发展方式，促进经济结构调整的关键。十八大报告提出改善需求结构、优化产业结构、促进区域协调发展、推进城镇化，这是中国的结构问题，也是转变发展方式的重点。坚持走改革开放的道路，秉持"科教兴国"的共识，以经济建设为中心，注重量的积累和质的飞跃，兼顾效率与公平，分好社会主义经济这块"大蛋糕"，让广大人民群众共享发展的成果。一个富强、和谐的社会，不仅仅是物质财富的可持续健康发展，而且要确保这些财富在人们当中得到相应合理的分配，这样既保证了社会的发展拥有持久的动力，又避免因为分配不公而造成强者压迫、弱者暴力反抗的局面。

其次，加强不良信息控制和信息审查制度的建设。不良信息包括色情淫秽信息、暴力信息，教唆犯罪及传播犯罪方法的信息、危害国家和政府安全的信息、邪教教义、危害社会基本道德风俗习惯的信息等①。这些不良信息与社会主义核心价值观相违背，与社会的基本道德规范相抵触，甚至有可能会威胁到国家安全和社会利益。党和国家要引起重视，建立完善的信息审查制度，不留监管的空白，限制不良信息的传播，保证信息与主流社会道德以及社会主义核心价值观相呼应，走信息文化建设的制度化发展路径。对大众传播媒介的综艺节目和影视剧以及网络上的信息进行审查和监管，避免受众接触不良信息；使用信息过滤器净化网络环境；建立互联网金融网站备案制以及信息披露制度，加强网络信息安全，重视消费者权益的保护；加强行业自律及信用基础设施的建设。

最后，深化文化体制改革。为了防止西方文化霸权误导社会主义方向；防止低俗、功利、金钱至上等价值观误导信息文化的发展；防止敌对势力垄断我国信息文化产业。相关权威机构必须深化文化

---

①　董焱：《信息文化论——数字化生存状态冷思考》，北京图书馆出版社2003年版，第226页。

体制改革，结合社会主义核心价值观的精神内涵，完善信息文化的管理机制和服务机制：转变政府职能，以政府为主导，遵循市场规律，发展文化产业；树立创新意识，鼓励技术创新，掌握信息产业核心技术的自主知识产权；在创新中不断提升文化服务水平，共享文化发展成果，丰富人民精神文化生活；传播先进文化，突出人文教育，全面提高公民道德素质。

2. 构建网络媒介系统，完善针对信息行为失范和信息犯罪的信息法律，为信息文化健康发展开辟自由、平等、公平、法治的社会生态环境。

首先，截至 2013 年 12 月，中国网民规模达到 6.18 亿人，普及率达到 45.8%。我们看到，相当多的人正日益受到各种网络媒介的影响，诸如，各级政府官方网站，新华网、人民网等新闻网站，阿里巴巴、淘宝、优酷等商业网站，以及各大思想理论网站，除此之外，近年来微信、微博的异军突起，对人们的舆论、价值观念的影响甚大。随着信息技术的迅猛发展，各种传统的人类活动被整合到互联网上，拓展了人类活动的空间，网络日益成为了现实社会的拟态环境，也成为社会主义意识形态与资本主义意识形态没有硝烟的战场。因此，能否真正把握信息文化的发展规律，切合网络媒介的特色，建立社会主义核心价值观大众化的网络媒介体系，决定了社会主义核心价值观能否融入不同媒介的信息内容，能否最终实现对信息文化的引领。因此，优化网络媒介体系显得尤为重要。具体来说，各级权威网络媒体，如各级政府官方网站、新闻网站等，要发挥主流媒介的公信力、影响力和引导力，致力于将社会主义主流价值观和中华优秀传统文化融入网络世界，聚焦重大事件，引领舆论导向，与不良社会思潮划清界限，对我国数以千万计的网民进行素质教育和文化熏陶，增进人们对是非善恶的理想认识；各大商业网站要合法经营，注重社会效益，坚决抵制任何金融投机、偷税漏税、侵犯知识产权等违法行为，打造文化精品，创造更多体现和谐精神，倡导健康向上，富有中国气派的人们喜闻乐见的网络文化精品；各类思想理论网站要不断推进宣传手段与宣传内容的创新，以正面宣传为主，以情感人，以理服人，使宣传的正面思想不仅不流于形式，让人反感和抵触，而且容易产生共鸣，真正使人们从心底接受，并外化为实际行动。占据虚拟世界的制高点，发挥社会主义核心价值观高屋建瓴的作用。

其次，党的十八大报告明确提出："加强和改进网络内容建设，唱响网上主旋律。加强网络社会管理，推进网络依法规范有序运行。"为保障信息文化步入安全健康的发展轨道，要做到有法可依，有法必依，违法必究，执法必严，为社会主义核心价值观引领信息文化提供法律法规保障。对于防范和惩处信息行为失范和信息犯罪，信息法是最有力的途径和方法，《中华人民共和国电信条例》、《互联网信息服务管理办法》、《计算机信息网络国际联网安全保护管理办法》等法律法规作出了相关规定，以促进信息文化的主要载体互联网的健康发展，维护国家安全和社会公共利益，保护个人、法人和其他组织的合法权益。值得注意的是，法律法规的制定和贯彻落实是一个动态完善过程，要因时因地，因信息文化的最新特点、最新问题、最新矛盾来完善相关法律法规；信息活动所涉及的活动范围也范围非常广，因而信息法律的类型也应该是广泛多样的；网络信息活动不存在治外法权，一个不受任何道德规范及组织约束的开放型网络是不存在的；除了制定信息法律之外，还要对相关的刑法、民法、版权法、消费者权益保护法等法律进行修订和补充，以应对信息环境下的各种问题。同时，文化产业部门要完善自律规范，依法、诚信、文明地进行文化活动；广大人民群众要广泛开展监督，举报网上违法和不良信息，只有在各方面的通力合作下，信息文化才能为社会主义现代化建设充分发挥其积极优势。

3. 加强信息伦理规范建设，为信息文化健康发展给予爱国、敬业、诚信、友善的人文支持。

信息伦理，是社会成员进行信息活动和在信息社会生存和发展所表现出来的道德关系，是调整人与人之间、个人与社会之间以及国家之间信息关系的行为规范。信息伦理不依靠强制力，依靠内心的信念、习俗和教育力量来维持，对于弥补有关法律的局限性、保障信息文化建设与信息社会的发展具有独特的价值。事实上，在信息文化的环境下，信息伦理是对社会主义核心价值观的延续和发展，社会主义核心价值观仍然可以作为信息伦理规范的指导原则。目前，整个社会的信息伦理尚未成熟，信息管理的相关法律并未完善，人们的信息道德水平亟待提高，信息伦理的教育刻不容缓。因此我们应该以思想政治教育为基础，以信息能力和创新能力的引导为核心，加强人文、法治、伦理教育，引导人们自我保护意识，网络安全观念以及高度的社会责任感等，例如，要保守国家的秘密；要尊重知识产权；要诚实可靠；不应该用计算机去伤害别人；为社会和人类作出贡献等。21世纪，人类在探讨经济伦理、政治伦理、科技伦理和生态伦理等各种伦理的建设时，也应该看到为了保障信息文化和信息社会的发展，信息伦理规范建设是时代的召唤，是大势所趋，必须加以重视。

总而言之，重视社会主义核心价值观对信息文化的引领，不仅有利于国家信息文化的安全和中国特色社会主义文化的健康发展，而且有助于社会主义现代化建设的顺利进行和综合国力的提升。新时期，我们必须遵循信息文化发展规律，从国家、社会和个人三个维度创建有中国特色的信息文化发展模式。以社会主义核心价值观引领信息文化，以信息文化为载体践行社会主义核心价值观，实现社会主义文化的大发展大繁荣。

第四节　用社会主义核心价值观引领青少年价值观

麦克卢汉曾说："媒介是社会发展的基本动力，每一种新的媒介产生，都开创了人类感知和认识世界的方式。"近年来，随着我国新媒体信息技术的迅猛发展，以手机、数字电视、电脑等为主流的新媒体，颠覆了以电视、广播、杂志和报刊为代表的传统媒体一统天下的信息传播格局，它不但改变着人们的信息获取、传播方式、人际交往方式和业余文化生活，还发挥着传播思想和构建观念的价值观导向功能。而易于接纳新事物、思想活跃的青少年是接触和使用新媒体最早最直接的群体，因此新媒体的普及必然对青少年价值观的引导和形成产生一定的冲击。

一　新媒体背景下青少年价值观的现状

1. 价值取向两极分化

青少年价值观是指"青少年对生活中的各种事物和现象能否满足自身需要进行评价时所持的基本观点"。① 面对新媒体来势汹汹的信息浪潮，作为新媒体的接受者与运用者的青少年群体，其价值取向呈现出两极分化，一是坚定不移沿着社会主义核心价值观主流方向发展；二是在价值取向中呈现多元化倾向。由于新媒体的发展为积极弘扬社会主义核心价值观带来了新的机遇，网络、手机媒体、数字电视等也成为社会主义核心价值观的宣传阵地，使青少年时刻感受到社会主义核心价值观的魅力所在，紧紧跟随主流方向发展。如 2008 年通过新媒体各大平台对汶川地震、雪灾、北京奥运会等报道和宣传，强烈地激发了青少年的爱国主义精神、民族认同感和集体荣誉感，等等。这使绝大多数青少年的价值观在新媒体的正确引导下始终符合社会主义核心价值观的要求。但同时，青少年也潜移默化地承受着新媒体所带来的多元文化思潮的影响，其价值观取向呈现多元化与分散化趋势。如在物质主义主导下沉迷于拜金主义、享乐主义的生活方式、无政府主义引导下追求极端自由、嘲笑与自我否定式的玩世不恭等。在纷繁复杂的新媒体文化袭击下，部分青少年的价值认同也产生了困惑与迷失，价值取向愈加功利化、庸俗化。

2. 理想信仰的淡漠与迷失

随着新媒体的发展，各种通信设备的更新与普及，青少年对网络电脑和手机媒体设备的精神依赖与日俱增。由于青少年尚处于心智半成熟阶段，判断力和控制力有限，容易受落后、腐朽思想的干扰，迷

---

① 叶松庆：《当代未成年人价值观的演变与教育》，安徽人民出版社 2007 年版，第 11 页。

失自我，造成理想信念的淡漠。例如，一些青少年越来越倾向于在课余时间玩手机、发微博微信、玩游戏；通宵达旦用手机登录上网、看小说；有些青少年利用电脑手机浏览色情网页、翻墙，甚至进行网络犯罪等。面对繁重的学业生活压力，他们在虚拟世界中更容易寻找快乐与成就感，网络游戏、手机小说、青春偶像剧等全方位迎合了他们的种种需求。而对新媒体的沉迷则造成他们网络上瘾，学习精力分散，沉迷于虚幻世界中不能自拔，追求现实生活的理想信仰的意识越来越淡薄，得过且过，导致精神家园贫瘠。也有部分青少年在新媒体干扰下迷失了理想的方向，缺乏正确的信仰。如部分青少年受一些影视作品（如《黑客帝国》）和网上不良信息的鼓动，"佩服和崇拜"网络上盛行的黑客，甚至还把黑客当作自己的理想目标。他们认同"黑客"的所作所为，并鹦鹉学舌，罔顾法律法规窥探他人在网络上的秘密，非法进入他人的计算机系统窃取信息，等等。此类型的青少年在新媒体的影响下变得玩世不恭，不辨是非，喜欢标新立异，把人生当游戏，淡薄甚至迷失了理想信仰。

3. 价值观趋向功利化与庸俗化

由于电脑、电视、手机上网等充斥着青少年的生活，掺杂在新媒体中的大量良莠不齐的信息，就如一剂催化剂强烈地刺激着青少年的神经，容易使他们的价值观趋向功利化与庸俗化。如各式各样的青春偶像剧与电影迎合了青少年的心理特点，受到青睐和狂热的追捧。由于部分劣质偶像剧电影吸纳了西方资本主义的文化思潮，价值观参差不齐，表现出粗糙、恶俗，潜移默化地威胁到青少年的价值取向和身心健康。如以资本主义上层社会生活为卖点的美剧《绯闻少女》、围绕着青春与奢靡生活为话题的《小时代》系列、充斥着爱情与浪漫的韩剧《继承者们》、《来自星星的你》等，这些偶像剧和电影传递的价值观中不免携带有拜金主义、个人主义、享乐主义等腐朽思想，偏离了我国社会的主流价值观；加之青少年心智尚未成熟，难以辨别优劣，以致一些青少年价值追求取向现实化、功利化与庸俗化：价值观的追求不再以"真善美"为标准，而是热衷于灯红酒绿、醉生梦死的物质生活，并渴望如影视作品的主角一样成为明星、过上奢华的生活，盲目崇拜金钱和权力；有些则被电影中男女主角的浪漫情节所感染，出现早恋倾向；有些青少年则变得利益至上，结识朋友、找工作、婚姻都变得功利化，一切向钱看，等等。

4. 价值判断失误与价值行为失调

新媒体的广泛普及所形成的价值多元化与功利化趋势，容易影响青少年的价值判断与价值行为，导致其价值判断失误与价值行为失调现象的出现。如"小悦悦"事件、老人跌倒扶起被诬、男子脱衣下水救小孩手机钱包却被盗等事件，一经各大媒体快速传播于网上后，一石激起千层浪，各大媒体数字报通过争先报道相关事实，同时某些低俗媒体网络为了博取关注度，没经深入调查，不惜哗众取宠、添油加醋，随意颠倒是非黑白，捏造事实，非但没有为青少年塑造良好的价值标准，而且还让三观尚未完全构建的青少年在面对道德问题时"谈虎色变"。这些媒体引导偏移、报道失当、文化煽情引导等错位容易直接或间接造成了青少年价值认知消极、价值判断失误。此外，又由于新媒体具有很强的隐匿性和虚拟世界的开放性特点，青少年容易接触到负面的观念和思想，易产生价值行为失调的情况。如大多数青少年一方面反对网络暴力，另一方面却随着网络水军的大流，不分青红皂白就对某些事件与人进行攻击、"人肉搜索"，随意使用网络暴力。这些都是价值判断与行为失调的表现，延伸到现实生活层面中去，在现实生活中青少年的价值判断与价值行为也有着两套不同的运作逻辑，表里不一，这容易导致其人格内部的异化。

二　用社会主义核心价值观引领青少年价值观

"少年强，则国强"，青少年是我国社会主义事业的建设者和接班人，其价值观科学与否直接关系到国家和民族的未来，因此在新媒体背景下，以社会主义核心价值观引导青少年价值观，把青少年引导为我国社会主义事业合格的建设者和接班人，是引导社会主义新人的重要任务。

1. 构建社会主义核心价值观的新媒体传播阵地，把握青少年社会主义核心价值观主流地位

在新媒体背景下的青少年价值观呈现两极分化情况，并伴随新媒体技术的普及，发展趋势越发不可收拾，为此必须要构建社会主义核心价值观的新媒体传播阵地，牢牢把握青少年核心价值观的主流地位。具体措施如下：第一，以国家重要节庆日、革命传统教育、纪念日等为宣传板块，发挥所蕴含的社会主义核心价值观的独特优势，通过挖掘革命传统教育、国家重要节庆日、纪念日蕴藏的丰富教育资源，与对中华传统优秀文化内在价值的阐发，以公益广告、网络小说、影视作品等形式结合时代潮流进行创作创新，找准与青少年思想道德情感的契合点，以达到为青少年所喜闻乐见的效果；第二，运用黄金时段新闻报道、著名访谈节目、专家点评和各类具有影响力的数字报、网站宣传等形式传播社会主义核心价值观，紧密结合群众身边的真实事例，运用通俗化大众化语言，以小故事阐述大道理，深入浅出，以生动活泼的宣传形式，如广告、DV 片段、动画等，让青少年深刻理解爱国、敬业、诚信、友善作为个人层面的价值准则①，从而引导青少年培育和践行社会主义核心价值观；第三，充分运用党和国家举办重要盛事典礼、妥善应对各种灾难的时机，通过新媒体平台因势利导地传递以"富强、民主、文明、和谐"作为国家层面的价值目标。可将爱国主义、民族精神、改革创新精神等分成各项专题板块进行全面真实的报道，通过手机媒体、数字电视等媒介推向青少年群体，潜移默化地引导其价值观的构建。

2. 树立新媒体社会主义核心价值观"活典型"，加强青少年社会主义理想信仰教育

2014 年 7 月 4 日上午，国家主席习近平在韩国国立首尔大学发表演讲时，讲了湖北高校毕业生、中华骨髓库湖北分库首例跨国捐髓志愿者张宝捐髓救助一位韩国患者的故事。据不完全统计，近年来，湖北高校中这些先进典型，成为湖北大学生思想政治教育的

---

① 刘云山：《着力培育和践行社会主义核心价值观》，《求是》2014 年第 1 期。

"活典型"。湖北坚持把社会主义核心价值观教育融入高校人才引导全过程，在高校学生中先后挖掘了一大批先进人物，形成先进典型群体示范的"明星效应"，这些"明星"人物的事迹被央视《新闻联播》报道，在全社会产生了广泛影响，推动了先进典型在高校"生根开花"。① 由此可见，通过新媒体树立典型模范，为传递社会主义核心价值观，指导青少年社会主义理想信仰的树立开辟了一个全新的平台。在上述对活典型的学习宣传中，通过运用新媒体平台，通过网络、微博、微信等互动，在网络虚拟世界中把这些典型现实化了，一来使得典型更加真实可靠、可学可用，传播真善美，不仅净化了新媒体所引进的不良风气，并且发挥了社会主义核心价值观的引导作用，形成了强大的辐射效应，巩固了社会主义核心价值观的主导位置；二来通过典型模范传递正能量，呼唤出青少年内心深处的价值诉求，使之成为微博、网络乃至新媒体平台上永远需要的一种价值支撑；所树立的典型通过新媒体互动，贴近生活、贴近群众与实际，呈现出最生动的姿态，令广大青少年深切感受到典型的魅力，从而扩大了典型的影响力，在潜移默化中为青少年的理想信仰构建指明了正确的方向。

3. 加强媒介素养教育，增强青少年自我教育能力，坚定社会主义核心价值观

青少年对媒介的认识、选择与接触，对媒介内容的甄别与判断，对媒介的使用与运作，直接影响其价值观念的形成。因此，必须要加强青少年媒介素养，将青少年引导成能够有效利用媒介，具备独立批判能力和具有高度责任感的高素质公民，努力实现接收、转化、反馈的动态运行机制，增强青少年自我教育能力，坚定社会主义核心价值观。

社会、学校与家庭作为新媒体平台传播知识与文化的三大阵地，覆盖着丰富的媒介资源，如数字电视、校园网络电视、社会公共广播、手机等媒介，实现三位一体，运用公益宣传全方位提高青少年对媒介

---

① 《中国教育报》2014 年 7 月 9 日。

素养学习的兴趣,如在实际生活中专门建立一些具有针对性的媒介素养机构,通过走进学校、家庭等方式,以公益广告、电子报、网络节目等途径,对青少年进行媒介教育。尤其重点利用学校新媒体平台开展青少年媒介素养教育的实践活动,提高青少年掌握媒介素养知识的熟练程度。如学校要重视和发挥新型媒介的优势,如校园电视、校园网络、电子报等,大力宣传媒介素养的意义,通过举办校园 DV 大赛、主题动画设计比赛、网络知识竞赛、网站设计比赛等,来提高青少年对媒介信息的分析、鉴别与评价能力,引导他们主动参与媒介互动,不断增强自我教育能力,以能够对新媒体平台上的多元价值观进行客观辩证的分析鉴别,做到主动拒绝价值观的功利化与庸俗化,更加维护与坚定社会主义核心价值观。

4. 优化新媒体环境,重点营造良好的舆论环境,提高青少年价值判断能力与规范其价值行为

媒介文化和文化的传播形式构成了青少年身处的新媒体环境,并以开放、多元、隐匿和平等的特点吸引着青少年,新媒体环境的优劣直接或间接地影响着青少年价值观的形成。因此要积极优化新媒体环境,不但要在新媒体中响应社会主义核心价值观中三个倡导中的"自由、平等",保证青少年能够自由平等地运用新媒体学习生活,还要实现新媒体环境的"文明、和谐",确保为青少年价值观形成营造一个纯净的新媒体氛围。为此,推进新媒体相关法律法规的建设与完善,规范新媒体信息的传播秩序,如 2004 年 4 月中旬广电总局推出一系列净化电视荧屏的举措,包括全国所有电视台黄金时段禁播渲染凶杀暴力的涉案题材影视剧、坚决消除包括广告和节目中的思想、行为、语言、形象等在内的不健康内容、克服影视片中的低俗风、奢华等不良倾向,等等;依法加强各大媒介的社会管理,加强对信息新技术新应用的管理;整治新媒体平台上的淫秽色情、低俗恶搞信息,严惩打击谣言和网络犯罪;积极创作适于新媒体传播、格调健康且符合社会主义核心价值观的文化影视作品,如《亮剑》、《闯关东》、《士兵突击》、《恰同学少年》等优秀电视剧,不但使得民族精神、民族情感得到淋漓尽致的张扬,而且结合时代的需

求进行了创新，深受众多青少年欣赏热捧，推动了中华优秀传统文化网络化传播，使新媒体环境不断净化。

此外，重点营造良好的舆论环境，努力提高青少年价值判断能力与规范其价值行为。为了应对当前新媒体中泛滥的虚假信息、参差不一的价值观念，以及媒体存在引导偏移、文化煽情引导以及报道失当等错位现象，因此，在优化媒介环境的前提下，必须要牢牢把握正确舆论导向，把社会主义核心价值观贯穿到新媒体各大阵地中，如通过电脑、手机媒体、数字电视等进行热点引导、典型宣传、主题宣传和舆论监督，新闻媒体要肩负发挥传播社会主义核心价值观的主要作用，完善重点新闻网站建设，形成良好的网上舆论环境，做好重大重要信息网上发布，积极主动回应网民疑问，弘扬社会主义主旋律，传播社会正能量，不断巩固壮大积极健康向上的主流思想舆论。而在引导过程中更要注重发挥舆论监督作用。如广东白云学院 50 多名辅导员带动学生参加舆情监控工作，被广东白云学院师生称为"网络红军"。他们每天对学生微博、贴吧、QQ 群的信息跟踪了解，对学生不满情绪发帖疏导，同时监控网络舆情，抵制错误舆论，维护学校形象。[①] 他们通过新媒体平台进行的舆论引导与监控，大量扫除了影响青少年价值观判断的负面信息，集聚网上舆论引导合力，用正面的声音和行为占领了新媒体阵地，为青少年创造一个"文明、和谐"的网络环境，规范了青少年价值行为，积极发挥了传播社会主义核心价值观的作用。

第五节　由显性转变为隐性，建立核心价值观通俗化引导平台

一　显性教育转变为隐性教育，提升教育的吸引力与亲和力

所谓隐性教育是指在宏观主导下通过隐目的、无计划、间接、内隐的社会活动使受教育者不知不觉地受到影响的教育过程，它以"潜移默化"、"润物无声"的方式对受教育者的思想、观念、价值、

---

① 《南方都市报》2014 年 3 月 19 日。

道德、态度、情感等产生影响。

第一，学校运用网络对学生发布各种真实信息，并建立服务台供学生在线咨询学习、生活、心理、情感等方面的信息，从而给予学生一些隐性的引导，如一站式服务、心理咨询网站、互助学习中心等。建立多样的平台让学生可以多些面对面交流的机会，在现实的生活中结识更多的朋友，从而缓解网络给学生带来的虚拟化危害，让学生更好地适应社会生活同时提高求知的欲望和积极性。

第二，教师还要善于利用现代技术传媒手段与学生进行沟通。由于当代青年学生是一个思维敏捷、乐于且易于接受新事物的群体，因此教师必须要善于利用现代技术传媒手段，如远程教育、BBS、QQ、微博、手机飞信等，实现与学生的全方位互动。这样教育者就可以及时地了解学生的生活、学习、心理和情感，从多角度进行隐性教育，在学生思想混乱时为其指明方向、倾听学生的心理问题和情感问题，于潜移默化之中影响着学生的世界观、人生观和价值观，而且能把学生社会主义核心价值体系教育活动从课堂内延伸到课堂外，拓展核心价值体系教育的空间。

第三，学校可以有主题有规律地组织多放一些内容积极又吸引学生的电影或纪录片，让学生在潜移默化中吸收积极的思想，抵制一些消极的思想。

二　以社会主义核心价值观为主要内容，以通俗化的语言构建信息网络平台

现代新媒体的出现和迅速发展，以其特有的开放性、平等性、互动性和无政府性迎合了青年学生崇尚民主、自由、平等的价值观，使得中西文化、传统与现代文化等各种文化互相交织、互相碰撞，青年学生在吸收了各种文化的同时造成了认同迷茫、价值取向多样性，价值观扭曲等现象。江泽民同志在 2000 年 6 月 28 日中央思想政治教育会议上讲话时也指出：互联网已经成为思想政治教育的一个新的重要阵地。国内外的敌对势力正竭力利用它同我们党和政府

争取群众、争夺青少年。①

　　因此，要纠正新媒体给青年学生带来不良价值观的思想和行为，必须要以社会主义核心价值体系来引领，用中国特色社会主义共同理想凝聚青年学生建设社会主义的力量，以爱国主义为核心的民族精神和以改革创新为核心的时代精神激励青年学生。为此，我们要创建社会主义核心价值体系理论的"网语"体系，以通俗化的语言构建信息网络平台。

　　第一，用马克思主义和马克思主义中国化最新理论成果教育学生，用中国特色社会主义共同理想凝聚学生建设社会主义的力量，以爱国主义为核心的民族精神和以改革创新为核心的时代精神激励学生积极进取，用社会主义荣辱观引领青年学生的道德风尚。② 因此学校要搭建平台，全面地、真实地、及时地给学生传递时政新闻和事件，匿名和学生互动，以通俗化的语言和实践经验把积极的思想传递给学生。

　　第二，我们要善用网络语言，追随网上青年学生关注的热点话题，调和青年学生的口味和爱好，将理论转化为青年学生听得懂的网络语言，善用对他们经常使用的警句格言、谚语俗语以及成语典故加以引申来表达马克思主义的一些重要原理、原则。

---

① 陈文成、姜正国：《思想政治教育学》，湖南师范大学出版社 2007 年版，第350 页。
② 丁慧民：《新媒体背景下大学生思想政治教育的导向力研究》，《学校党建与思想教育》2010 年第 3 期。

第十二章　青少年价值观的社会化引导机制建构

　　青少年成长过程是一个社会化的过程，所谓的社会化过程就是社会事实对人的行为的强制性作用在人的行为上的表现，只有接受了社会事实，在行动上又表现了社会事实的过程才是社会化。青少年社会化是青少年在社会、家庭、学校以及社区等文化环境的影响和熏陶下，在其生理、心理、思想、思维、行为、观念等逐渐走向成熟并内化社会规范。优良的社会化环境能够引导青少年积极向上、完善人格、激扬青春、树立正确的世界观、人生观和价值观，恶劣的社会环境给青少年人生消极、人格不全、灰色青春、错误的或不健康世界观、人生观和价值观。因此，社会环境在青少年价值观引导方面尤为重要。

第一节　构建媒体文化环境对青少年引导机制

　　新媒体时代造就网络新生代，新媒体既吸引着青少年，同时影响着青少年。新媒体的开放性和超时空性让青少年可以和更多的不同地域、不同职业的人交流。有助于青少年早日定位好自己在社会中的地位，更好地发挥自己的专业特长，为以后在社会中立足打好基础。新媒体的开放性也使青少年了解更多的政治、经济、文化知识，了解国家政策，了解社会的最新资讯，为适应社会做好心理准备和知识储备。新媒体的平等性使青少年平等地接受优质的资源。同时，新媒体对青少年的影响很大，有些青少年网络成瘾，对网络依赖程度很高，在网络中"完美自我"如鱼得水的扮演，以及现实生活中差强人意的社会角色，使得有些青年学生逃避现实，不愿意扮演现实生活中的角色。有的青少年学生因为长期在网络中扮演各种角色形成了习惯，在现实生活中难免会有些分不清楚状况，把网络中的角色带到现实生活中，从而不利于现实生活中社会化角色的扮演，进而影响到了青少年的社会化进程。新媒体的隐匿性和平等性使得传统社会化执导者地位受到冲击，使得社会对青少年的监控功能弱化了，有可能造成青年学生忽略社会规范，甚至引发犯罪。新媒体的开放性不仅是先进的积极的信息展现在青年学生的面前，还把一些腐化的垃圾思想一并带来了，这些不良信息会造成青少年的思想偏离正道、道德缺失。

因此看来，新媒体是一把双刃剑，一方面，它给人们乃至青少年在工作、学习和生活提供方便快捷，人们可以足不出户及时了解世界的今天和今天的世界，而青少年则可以通过新媒体吸收、享受媒体文化，遨游在网络文化之中，吸取快餐文化所带来的乐趣和无聊，轻松而愉快地进行线上和线下的交流和互动。另一方面，丰富多彩的新媒体文化和信息、纷繁复杂的主流文化和非主流文化、国内文化和国外文化、现代文化与古代文化，各种各样的流行文化让人们目不暇接、眼花缭乱，碎片化的文化和信息使青少年无所适从、无法判断、无能辨别正确与错误，容易导致价值判断的混乱和错位。

新媒体文化关乎青少年价值观的问题，我们必须构建新媒体文化环境。从新媒体宏观文化环境来说，必须净化媒介文化环境，新媒体文化就像我们每天呼吸空气一样，人吸纳到洁净的氧气，人就会精神焕发，身体健康，积极向上；人吸纳到灰尘，人就会精神萎靡不振，机体受到细菌的侵入，各种消极怠慢的思想就会出现。优良的媒体文化环境，提供正确的价值标准和价值判断，促使青少年奋发向上，帮助青少年造梦、追梦和圆梦。构建新媒体文化环境，首先，过滤网络文化，建立网络文化主阵地。由于网络自身具有自由的思想、文化的多元、层次的复杂、平台的多样等特点，每个参与者在不违反法律的前提下都可以在各自的平台上无拘无束地发表自己的言论和声音，又由于参与者个体素质存在差异，难免会出现鱼目混珠的文化，甚至会出现反文化。因此，对网络文化进行过滤，建立完善网络文化主阵地，以社会主义理论和中国特色社会主义理论为主流文化，不断强化和更新宣传的主流文化的形式，使主流文化成为网络的主言论和主声音。其次，过滤影视文化，提升影视文化的质量和品位。由于我国文化的开放性，影视文化呈现出多元化特点，各种各样的影视作品，可以通过各自平台播放展示出来，粗俗的、低劣的文化呈现在观众面前，刺激了观众的眼球，也模糊了观众的视线，混淆了价值判断，特别是涉世未深的青少年，极容易把低劣的文化看成是优秀文化，这些文化价值观错位必须加以纠正。我们认为，必须把日常生活和行为现象融化到影视文化的作品中，使影视作品具有思想性、趣味性、观赏性、鉴别性和教育性，堵截低俗、媚俗、庸俗的作品在影视中出现。影视文化既来源于人民群众，又服务于人民群众，因此，把美、丑、善、恶等人民群众喜闻乐见的通俗文化渗透到影视文化作品中去，使影视文化接地气，具有感召力与亲和力。最后，过滤精英文化，培育精英文化。改革开放三十多年，经济发展得到了快速发展，而我们的文化特别是精英文化却弱化了，精英文化的式微，庸俗化的价值观成了可怕的征兆。精英文化消融在大众文化之中，各种各样的精英文化、高雅艺术为了求得生存，不得不走向世俗、走向媚俗。精英文化的存在、发展与繁荣是一个社会精神健康、价值追求正常表现，树立精英文化典型，培育精英文化，倡导形而上价值观，引导社会价值观健康发展。

第二节　构建家庭对青少年价值观引导机制

2015年2月17日，习近平在春节团拜会上说："家庭是社会的基本细胞，是人生的第一所学校。不论时代发生多大变化，不论生活格局发生多大变化，我们都要重视家庭建设，注重家庭、注重家教、注重家风……使千千万万个家庭成为国家发展、民族进步、社会和谐的重要基点。"我们通常说，家长是孩子的第一任老师，这句话是有其科学道理的。在青少年引导过程中，社会、家庭、学校、社区等青少年引导机制，其中家庭是最主要的引导因素和引导地位，青少年是否健康成长、是否成才、是否具有积极向上的价值观，家庭是第一责任单位。因此，不论是什么背景，家庭对青少年价值观引导尤其重要。

在新媒体背景下，构建家庭对青少年价值观引导机制，首先，家庭必须正视新媒体时代，树立新思想、新观念。汹涌而至的新媒体，令我们不知所处，俗话说"狼来啦"和"谈虎色变"是许多家庭对新媒体的态度和看法，有不少家长害怕小孩接受新媒体的文化影响学习，更多地家长惧怕自己的孩子成了网虫故而沾染上网瘾，曾几何时，远离网络、远离手机、远离媒体成了家长的共识，他们尽量减少对新媒体的使用或者拒绝新媒体，缺乏对新媒体的认识和了解，殊不知我们处在新媒体时代、信息化时代和大数据时代，越来越多的工作、学习和生活离不开新媒体。所以，家庭必须更新观念，正确认识新媒体给人类带来的积极作用，引导青少年科学、合理使用新媒体，而不能采取围追堵截的态度。

其次，家长必须起榜样作用，与青少年、新媒体一起成长。随着新媒体的迅猛发展，网络、媒体、手机等智能化的工具得到了广泛应用和普及，"互联网＋"的推广，更加速了人们对计算机和手机等媒体工具的应用，许多家庭离不开网络和手机等媒体工具，在车站、码头、地铁、公交车甚至在餐桌和家庭餐桌的每个地方，我们都可以看到"低头族"现象，在青少年群体中，"低头族"现象随处可见。"低头族"现象会导致人际关系紧张，人际关系则使家庭代际关系沟通产生障碍，因此，在家庭中，家长应该利用新媒体功能或技术，营造民主、平等的氛围，与小孩共同学习使用网络、手机等新媒体技术，共同提高应用新媒体技能，以相互学习的态度，共同探讨新媒体所出现的新文化、新思想、新观念，共同讨论新媒体所出现的人和事，思想总是在相互碰撞中产生火花，在碰撞中教会小孩对待人和事，教会小孩对人和事的处理方式方法，教会小孩对人和事的价值判断和价值标准，引导小孩树立正确的世界观、人生观和价值观。

再次，坚持爱与尊重的原则，满足青少年的精神需要。青少年的成长是一个不断需要和满足需要的过程，需要是青少年成长的动力，而满足其需要则是青少年成长的源泉，青少年的满足是多方面的，在需要的层次和需要阶段上都有变化。他们不仅需要衣、食、住、行，更多地需要知识和文化，需要交往与理解，需要尊重与成功，需要贡献与理想，总之，既有物质的，又有精神的，既有生存的、享受的，又有发展的。我们把它归结为物质需要和精神需要，物质需要就是家庭满足青少年生存、享受和发展的需要，它为青少年的发展创造物质和文化条件，精神需要就是满足青少年心理的内在的文化需求与文化需要，它为青少年的发展提供动力，是青少年智力发展的精神支撑。准确把握爱与需要的关系，家庭必须建立"爱与需要"的引导机制。应该说，在当今物欲横流的社会，青少年更需要精神层面上的爱与关怀，他们希望父母能了解他们的内心世界心理需要，他们希望自己的想法和需要得到父母的理解和指导。其实，很多青少年沉迷于网络、手机和媒体，不仅仅是因为新媒体自身给他们带来的五彩缤纷的世界，而是在现实世界中，无法满足或者给他们带来需要，成年人的世界无法满足他们的心理和思想或者行为的需要和指导，这种现实指导的空洞和乏力促使他们用网络媒体来填补或者获得精神慰藉。家庭是社会的细胞和单位，父母必须以"爱与尊重"为原则，"爱"就是关心爱护，了解小孩成长过程中阶段和特点，了解小孩每个阶段成长过程的心理变化、心理需求和内心想法，合情合理地给予引导，"尊重"就是要满足小孩的需要，这不仅仅是物质的需要，更多的是精神需要的满足，小孩在成长过程中，他们需要父母陪伴、关怀、指导，值得注意的是，父母不应该用自己的价值观来诱导或压迫孩子，更不能将孩子当作实现自己人生理想的工具，应该将孩子当作平等、自由的有主体性和选择能力的个人来对待。根据我们的观察，当今社会，不少的家长对于未来人生理想大多局限于这个社会追逐财富、权力或所谓世俗成功的价值观，父母们常常用世俗的价值观影响和教导孩子，长期受父母的这种价值观的压迫和灌输，不仅仅是不尊重孩子，更严重的是使孩子陷溺在一种浮肿而空洞的价值观所限定的日常生活世界之中。

最后，建立家庭对青少年养成引导机制。养成引导就是青少年良好品质和行为习惯的训练和习得过程，家庭是青少年最初的引导载体和最佳的实践课堂，青少年养成引导在家庭教育中负有不可替代的责任和作用。在新媒体时代，建立家庭对青少年养成引导机制尤其重要。第一，构建和谐积极向上的家庭民主氛围。我们通常说，环境造就人，良好的家庭环境，能够促使家庭成员团结、轻松、心情舒畅，家庭是避风港，实践证明，成才的青少年大多数的家庭环境是良好的，良好的家庭环境，家庭才有吸引力和向心力，永远保持家庭的核心地位和权威。第二，建立家庭学习养成习惯，营造家庭学习范围。青少年价值观的引导、教育不是一蹴而就的，需要有长效机制的坚持和支撑，这个机制就是习惯养成，青少年是处在长身体、长文化的过程，这就要求家庭必须服从和服务这个过程。家庭应该通过不断学习，不断完善自己的心理素质和文化素质，父母在家庭中要营造良好的学习氛围，创建学习型家庭，让孩子懂得学习知识技能的重要，引导孩子的学习兴趣，引导孩子学习的自觉性、主动性和创造性。我们认为，在新媒体时代，长阅读习惯养成无疑是必须坚持的学习方法，它可以克服新媒体所带来的碎片化文化的不足，凸显学习的联系性和整体性，从长阅读中吸取文化精华和营养，获得科学的价值导向，形成合理的、正确的价值观。第三，明确养成引导的内容。家庭引导的内容很广泛，涉及知识、思想、品德、生理、心理、生活、技能等诸多方面，其中最主要的是思想品德和生活技能方面的内容。我们认为，家庭引导的核心是孩子"学会做人"，让孩子养成良好的学习习惯、优良人格和良好道德品质，使孩子有正义感、责任心、义务感，有良好的个性心理品质，勤俭节约、孝敬父母、诚实守信、遵纪守法。在内容上力求全面，方法上灵活多样，而父母的人格魅力对孩子成长尤其重要。

第三节　构建学校对青少年教育引导机制

新媒体为青少年学生思想政治教育提供了广阔的平台，其虚拟性和匿名性也为传统思想政治教育的实施提供全新的视角。由于微博、飞信、QQ 等交互性功能较强的网络平台使青少年学生的个性化需求得到极大满足，所以新媒体技术在青少年学生群体中盛行并占据着重要地位。而网络也已经构成青少年学生重要的社会生活环境，各类文化类型、思想意识、价值观念、生活准则、道德规范都可以从中找到立足之地①。因此，创建一系列紧贴校园生活、紧贴青少年学生的融思想性、趣味性、知识性、创造性和服务性为一体的校园网站或思想政治教育网站，积极开拓网络平台，充分发挥网络隐性教育的功能。

一　创建新媒体条件下校园主网站和教育专题网站，发挥教育的向心力与辐射力

1. 必须要尽快建立起具有针对性、导向性、主动性和思想性的思想政治教育专业网页和专题网站。通过网络的各种新型窗口，对学生所关注的热点重点问题进行了解和搜索，争取第一时间掌握学生的思想动态，以保证思想政治工作有针对性地开展；利用网络交互性强的特点，创建思想平等交流的平台，有重点地解答学生现实生活学习中的难点问题；利用网络提供的机遇，努力对思想政治工作的方法和途径进行创新。

2. 搭建校园网络新闻立体平台，始终努力做好热点透视、舆论引导和典型宣传三项工作②。首先，关注校园热点，挖掘校园新闻，反映校园文化建设新动态，尽量做到图文并茂；其次，积极收集各类相关的教育信息，使学校教育改革、校园文化建设、素质教育措

---

① 谭自慧：《塑造大学精神——提升大学文化》，《中华现代教育》2009 年第 11 期。
② 陈婧：《信息化时代大学生"求知倦怠"现象研究》，《理论纵横》2011 年第 6 期。

施等得到及时反映；最后，从国内外形势发展着手，关注青少年学生所关心的时事热点，并按主题将国内外的背景资料、新闻分析等进行分类。

3. 开设的网站要有精心设计的内容。让学生既能了解国家的政策方针、时政新闻，又能学习思想政治教育的相关理论知识。从而使网站网页成为青少年学生网络思想政治教育体系的不可忽视的一部分。

4. 要重点增强网站的有效性和可持续性。首先，网站要及时更新各类重大新闻以及重要评论等重要信息和内容，以保证网站信息的及时性和敏感度。其次，要建立多重链接、开设 BBS、设立搜索引擎、建立网络聊天室和增加各种趣味而有教育意义的游戏等，一方面，提高网站的趣味性来激发学生的兴趣，调动学生访问的积极性；另一方面，可以使得思想政治教育专题网站的影响广度和深度不断拓展，真正深入到学生群体当中[1]。最后，结合学校教育的重点和内容安排，全方位利用网络资源，邀请各界有影响力的学术专家开办座谈会或讲座，组织学生对各种焦点、热点和难点问题进行针对性的分析讨论，并定期召开相关的交流会和研讨会。

二　探索新媒体条件下教育科学化、精细化的方法和手段，展示教育的渗透力和凝聚力

1. 学校可以利用微博、博客、留言板、QQ 群等信息交流工具建立一些公共在线交流平台，并保证和维护其开放度。青少年学生可以在这些平台上充分表达思想观点和释放心理压力，教育者一方面可以通过这些平台来深入了解青少年学生的实际情况；另一方面要容忍和密切关心青少年学生在公共在线场所表现出来的一些不良情绪和言语，决不能进行直接抨击和批判，要以发挥其社会"减压阀"的作用为目的[2]。另外，网上还可以开展"时事论坛"、"电子

---

① 陈婧：《信息化时代大学生"求知倦怠"现象研究》，《理论纵横》2011 年第 6 期。

② 刘慧珍：《教育社会学》，辽宁教育出版社 1988 年版。

邮箱"、"心理咨询"、"热线服务"等，能有效地帮助青少年学生解决问题，为学生在学习、生活、实习、毕业求职等方面带来极大的便利[①]。

2. 要注重"议程设置"功能的发挥。议程设置能利用青少年学生关注的热点话题来构造事件，捕捉其注意力，然后要与青少年学生建立共识，实现对话，从而实现对青少年学生的思想政治教育引导的目的。

3. 要建立反馈机制。新媒体的"无屏障性"存在着相应的负面影响，既削减了传统思想政治教育的导向功能和效果，又加大了青少年学生思想政治教育舆论导向工作的难度。反馈机制的建立，它不但能使思想政治教育者主动地影响青少年学生，对错误言论积极开展舆论引导，而且在收集和整合青少年学生对一些敏感时事话题的意见后，能够使得青少年学生被引导朝着自己和社会所希冀的正面方向不断发展，这无疑确保了在沟通与交流中教育者和受教育者建立起一种良性双向互动循环关系，思想政治教育的有效性也因此得以增强[②]。

4. 学校给学生提供便利的上网条件，但是也要对每天的上网时间给予一定的限制，这样可以防止学生形成网瘾，也可以防止学生因为上网而影响学习。

三 营造文明有序的新媒体条件下的校园文化环境，加大教育的感染力和预警力

校园文化环境是指在学校师生依据学校的特殊条件，在教学、科研、管理、学习等活动过程中逐渐形成的校风校貌、校园精神、价值观念、行为规范、生活方式、人际关系等的一种文化氛围及精

---

① 中国互联网络信息中心：《中国互联网络发展状况统计报告》（http://www.cnnic.net.cn/P354）。

② 陈婧：《信息化时代大学生"求知倦怠"现象研究》，《理论纵横》2011 年第6 期。

神氛围①。校园文化环境对学生的思想具有广泛而又深刻的影响。校园文化环境随着新媒体技术和环境的不断发展与完善自身也发生了新的变化。新媒体给校园文化带来的这些新变化，必须要营造文明有序的新媒体条件下的校园文化环境，加大教育的感染力和预警力。

1. 学校要建立和健全校园文化管理制度、新媒体信息传播的法规制度以及发布信息的监控机制。尤其要全面分析和把握好新媒体环境的新形势，有针对性地建立健全群体性事件和突发性事件的应急预案和快速反应机制，从而能有效地加大教育的预警力②。

2. 学校应当积极整合新媒体的优势资源，充分利用新媒体宣传阵地，加大对其建设的支持力度，使新媒体传播环境在社会主义核心价值体系引导下得以净化，为此要加紧引导一支既懂思想政治宣传工作又懂信息网络技术的新型教师队伍，还要向青少年学生普及网络道德的知识和重要性以及强调相关的法律法规，使文明上网、文明用网的强烈意识真正扎根在青少年学生思想意识上。

3. 学校可以利用新媒体，开设教师博客、辅导员博客、QQ、MSN 等，搭建起与青少年学生进行网络沟通的平台。学校可以将辅导员和思想政治专职教师的力量凝聚起来，形成网上辅导队伍并实行轮流值班制度。在管理期间，值班辅导员可定时打开 QQ、MSN 等青少年学生广泛应用的即时沟通软件，与学生进行匿名交流，如此，他们不但可以密切关注到学生的思想状况、心理问题和关注的热点问题，同时，针对网络信息的复杂多样性对学生进行及时的引导，而且能够最大限度地保留了学生的隐私，有效地抵制网络社会垃圾信息的污染。

第四节　构建社会对青少年环境引导机制

马克思主义认为，需要是人们行为的内在动力，是激起人们行

---

① 中国互联网络信息中心：《中国互联网络发展状况统计报告》（http://www.cnnic.net.cn/）。

② 杜金：《网络虚拟群体对大学生个性社会化的影响研究》。

动的普遍原因。社会、社会组织或者个人对青少年实施教化或影响是以它自身欲望与需要为动力，青少年对社会、社会组织或个人起作用也是以他自身的需要为动力。构建社会对青少年环境引导机制，必须了解青少年的需要，从满足青少年的需要出发，使青少年社会环境的引导更加科学合理和给力。

一 青少年需要特点

根据我们对青少年的调查和统计，当前青少年的需要具有以下四个特点：

1. 青少年的主要需求为基本需求

根据美国人本主义心理学家马斯洛的理论，人类的需求分为五大类：生理需求、安全需求、社会需求、尊重需求和自我实现需求。其中生理需求即指生理上的需要是人们最原始、最基本的需要，如吃饭、穿衣、住宅、医疗等。若不满足，则有生命危险。这就是说，它是最强烈的不可避免的最底层需要，也是推动人们行动的强大动力。从调查结果我们可以得出，目前青少年最希望解决或改善的个人问题是就业、增加收入和学习深造；学习考虑的主要因素为学习的效用性；最希望共青团组织提供的服务为劳动技能的培训和开展符合青少年发展的娱乐活动。从青少年自身发展的角度而言，青少年的这种需求特征是可以解释的，青少年发展是一个充满生机和活力具有过渡性和发展性的阶段，青少年成长成才是在社会化过程中不断地需求、不断地满足、不断地进步的过程，而青少年个体的发展需求过程可以归纳为依赖—独立—完善的过程，青少年在幼儿阶段依赖于父母而生存，具有较强的依赖性；进入青春期后，青少年渴望独立，而独立的最显著表征即为经济上的独立，只有经济独立才能保障生存，才能获得其他方面的独立。这可以解释为什么在调查中，就业等生存问题成为青少年群体的迫切需求。

2. 青少年的需求结构缺乏活力

从青少年自身特点来看，青少年群体处在成长阶段，思维活跃、爱好广泛、充满生机和活力，青少年群体的需求理应呈现出多样性和发展性。但在调查中，我们发现，对现实生活的满意度方面，有一半以上的青少年群体对其各个方面的生活很满意，使我们担心的问题是一个满足于现状、缺少追求、缺乏理想的青少年群体，会给未来的人生带来什么样的影响，作为我们的接班人为社会的发展作出何种贡献？在业余生活的调查中，大部分的青少年群体选择宅在家里上网、看电视的休闲娱乐活动。这种单调乏味的活动方式同样让青少年群体感到满意。对其进行归因分析，良好的家庭经济条件和对新媒体的依赖这两个因素是主因。良好的家庭经济满足了青少年的物质需求，而新媒体则满足了青少年的精神需求，由基本的满足发展到对新媒体的依赖，这就是我们所说的生活在 e 时代青少年一代，过分地依赖新媒体的青少年对其身心造成较大影响：首先，生活在虚拟的空间中，容易导致其与人交往关系的弱化，与家人进行情感沟通的时间减少，不善于与现实中的人交往，导致社交能力的弱化。其次，不利于身体健康，宅在家中，不外出进行体育锻炼，不利于身体健康。再次，容易产生焦虑、不安、抑郁的情绪。长期生活在固化的空间内，从事单一的活动，游离现实世界，沉迷虚拟世界，容易使人感到厌烦和无趣，从而产生焦虑等不良情绪。最后，不利于挖掘和发挥青少年的潜能。业余活动可以反映出青少年的兴趣所在，而长期从事单调和无意义的活动很容易将潜能埋没。因此，需要引导青少年参与社会实践活动，构建合理的需求结构。

3. 理想需求空想化、狭隘化和平庸化

之所以说青少年理想需求空想化，从调查数据和个案调查中，我们认为大部分青少年在"筑梦"和"追梦"间存在较大差距，青少年理想存在着主观与客观、理想与现实相分离情况，部分青少年对于理想认识不到位，他们还没有认识到理想的真正意义和价值，有不少青少年将理想定义为美好的愿望，遥不可及的幻想；很多青少年将理想停留在思想中，停留在实践层面而没有做过任何的努力。青少年由于缺乏信念支撑，在做事情，实施计划时，先想到的是困难，先想到的是自己的不足，容易打退堂鼓，工作、学习等方面缺乏动力。理想的狭隘化和平庸化则表现在"激励您奋斗的主要原因"

调查中，"个人价值实现"、"赡养父母"、"金钱"居前三名，可以看出，青少年在选择人生目标时更务实，更偏向于自我价值，这是好的，但却表现出狭隘化和平庸化，缺少精神追求和社会责任。有将近一半的青少年没有认识到个人理想与国家理想紧密联系，把国家理想与个人理想割裂开来，主人翁意识不强，缺乏作为国家主人翁的责任意识，对自己是社会主义的建设者和接班人认识不到位。我们将其归因于社会参与度方面。在进行调查的过程中，一半以上的青少年偶尔关注时事政治，这致使其对国家和社会的事情不了解、不熟悉，对自身的地位和价值认识泛化，因此，在自我认同和自我定位方面不够准确。

4. 需求与供给的不对等

青少年的需求现状为基本需求，主要体现在就业、收入和学习三个方面，而在对共青团组织的期望方面，希望得到就业技能和休闲娱乐方面的服务。这似乎与其需求不对等。出现这种情况，我们进行了初步推测：一是共青团组织影响力不够，共青团组织在青少年群体的意识和思想中得不到树立，造成信息的不对称，致使青少年对于共青团组织的职能认识不清。二是共青团组织作用发挥乏力，致使在青少年群体的信任度不强。我们可以从调查中看到，当青少年群体遇到困难时，首先寻求帮助的是家人、亲友，而向社会组织和社会团体或政府部门求助的意识较弱。

5. 需求的务实化与功利化

青少年群体需求的终极目标应该是青少年个体人的全面发展，个体人的全面发展包括人的智力与体力、人的社会关系和个性的全面发展，其核心问题是人的追求和奋斗目标。在现实的调查中，我们发现，青少年的需求更多的是从自身出发，重物质，轻精神，缺乏对未来的设计和憧憬，存在主义和实在主义思想突出，主观上更多地注重个体价值，客观上是个人的虚无化，在现实表现中出现知与行的背离现象。从以上分析我们可以看出，青少年的人生奋斗目标和自我价值更加务实，更注重通过个人奋斗实现人生目标和自我价值。可以说，这些都是青少年的人生价值观在新的社会环境中所表现出的积极趋向，它展现了青少年崭新的精神风貌。但是，在务实精神和自我意识增强的同时，也有部分青少年出现了过于追求功利、缺乏社会责任感，有利己主义倾向。

二　社会引导机制建构

1. 加强文化建设，引导青少年树立正确的人生观和价值观

文化建设是由思想道德建设和教育科学文化两方面所构成，加强思想道德建设，重点是加强青少年理想教育、道德价值观教育、生命价值观教育、科学价值观教育、环境价值观教育、审美价值观教育和人生价值观教育，使青少年树立崇高与远大的理想和信念、崇高的道德情操、关爱生命、热爱科学、具有保护环境和观念、把握正确的审美标准、认识自我价值和社会价值的关系。我们认为：第一，发挥国家、省市青少年研究部门的功能和作用，做好调查研究，及时掌握青少年的思想动向和需要，阶段性地提出青少年教育方法与方式，使青少年研究所成为指导青少年成长成才的主要机构。第二，成立青少年成长成才讲师团，指导和负责青少年思想道德建设的讲解和引导。第三，发挥基层团组织的功能和作用，赋予团组织教育职能和责任，及时矫正和引导青少年行为，使青少年的知与行达到一致和统一。激发基层团组织的活力，开展有创新性、吸引力强的文娱体育活动和志愿者活动，帮助青少年"造梦"，为青少年"圆梦"创造良好的文化环境。

2. 加强制度建设，建立政府青少年工作机制

青少年群体的需求决定青少年工作的范围与领域、优先次序和衡量标准。在进行青少年工作的政策制定时，应当先进行深入的调研，将符合青少年发展的工作列入党政工作中，保障符合青少年的需求的政策的可行性，以利于真正落实政府对青少年的职责。解决青少年问题的重要途径即进行制度建设。加强制度建设一方面可以保障青少年需求的实现，使青少年工作落实到位；另一方面建立青少年工作的考评机制、监督检查机制和实施评价机制，通过机制推动对青少年工作的评价和考核。因此，必须完善青少年领导小组的

工作职能，发挥其青少年指导、教育、监督等方面的功效，当前，最主要的是赋予小组的职责和权力，使权利与责任对等，使青少年领导小组起到名副其实的作用。

3. 加强社会建设，满足青少年发展需要

在现代化建设的过程中，出现了"经济一腿长，社会一腿短"的现象，这使得社会缺乏对青少年的支持和关爱。因此，必须加强社会建设，从青少年的需求现状和特点看，从以下几个方面来进行，（1）提升青少年社会事业发展。社会事业关乎青少年基本生活质量和利益的公共事业，由于青少年社会事业资金的投入是看不到，摸不着，投入周期长，见效不明显，所以存在着资金投入不足的情况，满足不了青少年文娱体育等文化需求的需要，表现出公共文化活动场地少，展现青少年价值平台不多，因此，必须调动社会各方面力量，筹措资金，共筑青少年发展事业。（2）完善社会服务功能，合理配置公共服务资源。通过建立和完善政府的社会支持、社会帮助、社会救援的公共服务体制，有效提供公共产品，直接为人民群众服务，满足青少年发展需要。（3）促进社会组织发展。改革开放以来，随着经济发展水平的提高，各级政府虽然也在不断提高社会服务的能力，加大对公共产品和公共服务的投入，但与青少年多层次、多样化的物质文化需求相比，投入与需求的矛盾仍未从根本上得到解决。从国际上的成功经验来看，解决问题的出路在于扩大社会和公众的参与，促进社会组织的发展，从而填补政府不到位的空白。

4. 加大就业创业的扶持力度，给青少年就业创业提供政策制度支持

第一，加大对就业创业见习基地的建设，扩大其影响力，使得此项工作能够得到广大企业事业单位的拥护、支持和落实。第二，制定青少年就业创业的扶持政策，建立青少年就业创业见习基金，对青少年就业创业方面给予资金扶持、税收减免等优惠政策，鼓励企业招聘青少年就业，并在政策上给予优惠。第三，建立就业创业见习基地的统一信息化管理平台，为青少年就业创业见习提供就业、创业信息平台，及时发布就业创业的有关信息，满足青少年择业

需要。

5. 创新团的工作机制，增强团的工作活力，提高团组织的影响力

团组织是党领导的先进青年的群众组织，是广大青年在实践中学习中国特色社会主义和共产主义的学校，是中国共产党的助手和后备军。共青团要发挥好党联系青年群众的桥梁纽带作用，利用一切条件，充分挖掘和发现青年及青少年的主动性和创新性，满足青少年发展需要。主要途径是：第一，成立团校，定期培训各级团干部，提高团干部的整体素质和能力。第二，扩大服务对象的服务内容，丰富青少年的工作、学习和生活。第三，以青少年活动中心为基地，开展具有创新性、符合青少年发展特点的活动，增强活动的吸引力和感染力，减少媒体环境对青少年的身心危害，最大限度地满足青少年发展需求。

6. 充分发挥学校的功能，满足青少年对于知识和技能的需求

学校是青少年成长成才的教育引导基地，它既能满足青少年对知识的需求，也能提高青少年的整体素质。我们建议：第一，各级各类学校在专业设置上从社会需要出发，多学科、多门类，满足青少年对知识渴求。第二，加强继续教育，促进继续教育发展，通过函授、夜大、自学考试等成人教育或多种办学形式，多途径满足青少年学历层次的提高需要。第三，开辟多种类型的青少年学生实践基地，提高学生的理论与实际相结合的水平和能力，重点是引导学生的人际交往能力、团队合作能力、社会适应能力、价值观的建立，完善青少年人格。

7. 提高青少年新媒体媒介素养

媒介素养是一种针对所有公民的学习能力，媒介素养不仅仅是使用媒介的需要，而且是现代社会公民素质的一个部分。作为生存在数字化一代的青少年来说，媒介素养的高低尤为重要。因此，学校应该把新媒体媒介素养纳入素质教育的课程，并通过新媒体的有关课程、知识讲座，进一步提高青少年对媒介信息的认知能力、判断能力和理解能力；通过引导的方法和新媒体伦理教育，强化青少年的媒体道德意识和法制观念，促使青少年树立自律意识和正确使

用新媒体观念，引导和提高青少年拒绝诱惑能力，自觉遵守媒体规范与道德，合理使用新媒体。

第五节　构建社区对青少年熏陶凝聚机制

社区是进行一定活动、具有某种互动关系和共同文化维系力的人类群体及其活动区域。① 我们认为，社区是以一定地域为范围、以某种共同文化维系着的居住区或活动区域。通常我们以居民小区或街道居民委员会辖区为社区加以认定。随着新媒体时代的到来，网络、媒体等互联网实现了跨时空的人际互动，人们在互联网上通过交流形成了具有共同价值观、共同归属感的群体，这就是虚拟社区。虚拟社区相对于传统的现实社区而言，既有别于现实社区，又有其共同点。近两年来，虚拟社区以微博、微信、QQ 等工具为平台，逐步发展成为网络"群"或者"社团"等。由于虚拟社区的互动关系给人们的工作、学习和生活带来了无穷的魅力，所以，它得到了广泛推广和应用，特别是青少年朋友，更是虚拟社区的推崇者和应用者。因此，现实社区与虚拟社区相比较来说，我们更应该注重虚拟社区的建设和引导。

一　建立现实社区文化协调机制

文化是人类对环境的调适。社区文化包括物质生活方式和精神生活方式两个方面，物质生活方式是指人们衣食住行以及工作和娱乐的方式，精神生活方式主要包括人们的价值结构、信仰结构和规范结构（风俗、道德、法律等）诸方面，人们的思想观念、风俗习惯、道德风貌、行为规范等是这两个方面文化的综合反映。共同文化维系着社区成员的价值观和行为习惯，良好的社区文化环境能给人们积极的价值观；相反，不良的社区文化环境给人们消极的价值观。在新媒体背

---

① 郑杭生：《社会学概论新修》（第三版），中国人民大学出版社 2002 年版，第 272 页。

景下，文化多样性和复杂性给社区文化建设提出了挑战。建设好社区文化，必须协调好各种文化，尤其是传统文化与现代文化、物质文化与精神文化、城市文化与乡村文化、中国文化与西方文化的协调。要辩证地看待各种文化的矛盾与冲突，辩证地看待合理和积极方面，取其精华，弃其糟粕，古为今用，洋为中用，吸取人类文明的优秀成果，倡导符合社会发展规律的主导文化，营造社区良好文化氛围，为青少年成长成才创建美好的文化环境。

二　建立以现实社区文化为载体的活动机制

要使社区文化深入人们的头脑，必须靠开展形式多样的活动，调动社区成员的积极性，唤醒青少年的主体意识，让他们在参与活动中得到文化上的提升和熏陶。社区活动要根据社会发展的要求定期开展，要依据社区的实际情况，有针对性地开展主题文化活动，活动不能好高骛远，关注活动参与度，活动内容既要有文化内涵，又要从成员的兴趣、爱好出发，既要有主导文化导引，又要取得活动效果，既要有创新性的内容，又要避免通俗化和庸俗化的形式，切不能搞形式主义。比如可以开展互助活动、公益劳动、青年志愿者活动等，也可以与社会有关结构结成共建关系，以共赢的方式为社会做服务工作、为社会做贡献。让社区成员尤其是青少年在活动中体现人生价值，使个人与社会关系得到和谐发展。

三　加强对学校虚拟社区的管理，发挥虚拟社区的引导作用

1. 建立管理机制

第一，申报机制。规范虚拟社区申请成立程序。申请成立新虚拟社区须首先上交一份申请书和申请材料到学校相关部门接受初步审查，经检查资料符合要求后方被认为具备成立新社团的基本条件，即新虚拟社区成立必须同时具备必要性和可行性后，方可成立新虚拟社区的具体筹备工作。

第二，评价机制。为了更好地发挥虚拟社区在校园文化生活中的积极作用，提高社区活动的水平，促进社区的全面繁荣和发展，

高校在学生社区范围内定期进行网络社区及社区成员的评优表彰工作，贯彻平等、公正、公开、择优的原则选出"优秀网络社区"、"社区活动积极分子"、"网络社区学生优秀干部"等。

第三，自律机制。要帮助网络社区建立自律机制。推进网络社区财务、人事、活动立项、民主决策等制度建设，形成自我管理、自我约束、自我发展、自我服务的机制。

2. 优化社区的运行机制

第一，发挥意见领袖的作用。青少年网络社区成员对话题的看法和观点往往处于"百家争鸣"的状态，因为他们是富有个性和独立思想的一群人，他们看问题往往从不同立场、不同角度出发，致使同一话题出现意见交互。随着讨论的全面和深入，获得较高支持率的观点逐渐凸显，引导其他成员的意见倾向，从而影响话题走势。如若错误的，不良的思想占据话题制高点，无疑会出现"群体极化"现象，有些原因，使得青少年网络社区容易出现群体极化现象。首先，仅从青少年网络社区的数量上考虑，网络社区中的个人能感受到一种势不可当的力量，与传统现实社区相比，青少年网络社区人数较多，这使得社区单个成员敢于表达、发泄自己的需求和欲望，而在独立一个人时感到个人力量的渺小，孤立无援，必须克制本能欲望。"群体是个无名氏，因此也不必承担责任。"[①] 如此，对个人行为具有约束力的责任感就彻底消失了。其次，相互之间的传染。青少年个体之间具有强烈吸引力，也许是因为年龄相仿，兴趣、爱好、习惯、心理具有趋同性。于是，当这样一群青少年聚集在同一个虚拟空间时，群体中的任何情感、思想以及行动都具有感染力，网络社区中的个人如果缺乏主宰自己思维和反应行为的能力，那他俨然是沙漠中的一颗沙粒，随风飘落到任何地方。那么意见领袖如何产生，并且如何影响着所在网络社区的行为方式和运动特征呢？通过竞争与合作而产生。所谓竞争，意指其观点有理有据，经得起逻辑的推敲和事实的检验，能够与其他参与

---

① ［法］古斯塔夫·勒庞：《乌合之众：大众心理研究》，冯克利译，中央编译出版社2004年版，第16页。

者掀起争论的热潮，并得到一定程度的支持；所谓合作，意指在讨论互动的过程中吸纳他人的观点，改善原因的看法，获得更广泛的支持，使自己的意见更有领导性。[①] 随着领导性观点支持率的提高，意见领袖的地位、作用和影响力逐渐得到社区成员的普遍认可，其观点成为新老成员参与社区活动，表达思想的"风向标"，促进成员个体从无序状态到有序状态的发展，层层递进，使得网络社区从微观有序到宏观有序，最终使整个社区步入新的稳定。

第二，导师指导模式。网络社区是学生工作、生活、学习的重要载体，社区的指导老师肩负着保驾护航的关键任务，网络社区的发展方向是否积极向上，社区工作的思路是否清晰，社区是否具有活力，和指导老师有密不可分的关系，要充分发挥指导老师的作用，切实做好社区工作。在社区工作中，指导老师应熟悉高校教学管理的有关规章制度，结合学生学习的基本状况、特点和特长，指导学生科学合理地开展活动。在学期初青少年网络社区制订工作计划时，社区负责人应积极和指导老师沟通联系，讨论相关事宜，让指导老师详细了解工作计划并作科学的建议意见，从而指导学生社区正确开展学生社区活动。在学期末导师要做好社区工作指导总结，并且将总结存档，以便使下一步的工作具有较强的针对性。

第三，确认网络社区成员身份。在加入青少年网络社区之前要有身份核准、资格认证的过程，这种准入模式是以会员注册为主和管理登录为辅的运行策略，参与者只有接受并认可网络社区关于参加社区活动的步骤、要求、程序等基本规则，才能在网络社区内正常活动。如果以"游客"、"旁观者"的身份进入，在参与活动的诸多方面都要受到制约和限制，例如，只能在社区内浏览信息，没有发布信息的权利，不能与社区内部成员进行话题讨论，也不能转载社区内的共享资源或下载资源。确认成员身份能有效满足管理的需要和成员的需要，通过规范参与者的活动行为、确定网络社区的活动形式，以便社区成员在虚拟的环境中进行健康的正常的活动，达

---

① 　高献忠：《虚拟社区秩序的生成机制研究》，黑龙江大学出版社 2013 年版，第 74 页。

到自身参与的目的。IT 社区 DONEWS 创始人刘韧说道："网络越来越融入人们的生活当中，我不赞同网上一个生活，网下一个生活。网络最吸引人的地方不是'匿名'，而是沟通起来更方便、更快捷。"可以说，确定成员身份是青少年网络社区内部活动规则的基础，如果没有这种基本的准入要求，青少年网络社区内在的互动机制无从产生，社区活动更无法有序开展。

第四，整合社区优势。无论是实体社区，还是其他学校的网络社区，一定有其独特优势，青少年网络社区要善于吸收，借鉴其他社区的管理优势，开展交流学习，整合社区优势。一是可以通过邀请青少年网络社区领域成功的管理工作者、专家学者通过举办专题讲座等形式，传授最新的理论知识，介绍先进的管理工作经验，或者组织网络社区的管理人员参加进修学习，使其能够在短时间内更新自己的理念，提高网络技术，大力提高管理队伍的现代化管理水平；二是定期地分批次地组织青少年网络社区的管理人员到社区管理理念先进、管理经验丰富的高校参观、交流和学习，取长补短，挖掘自身管理的缺陷和不足，勇于借鉴、吸取其他学校的先进的管理方式和管理制度；三是利用网络优势，"在网络空间建立讨论和交流专区，分享引导社团的经验，交流各自发现的大学生网络社团的新动向，共同商讨引导和管理的对策，从而在网络空间形成引导和管理大学生网络社团的合力"。①

---

① 昝玉林：《大学生网络社团的兴起与高校德育的应对》，《学校党建与思想教育》2005 年第 11 期。

参考文献

中文部分

著作类

［1］《马克思恩格斯全集》第 2 卷，人民出版社 1957 年版。

［2］刘济良：《青少年价值观教育研究》，广东教育出版社 2003 年版。

［3］刘智峰主编：《道德中国——当代中国道德伦理的深重忧思》，中国社会科学出版社 1999 年版。

［4］石海兵：《青年价值观教育研究》，安徽人民出版社 2007 年版。

［5］刘济良等：《生命的沉思——生命教育理论解读》，中国社会科学出版社 2003 年版。

［6］檀传宝：《学校道德教育原理》，教育科学出版社 2003 年版。

［7］檀传宝：《德育原理》，北京师范大学出版社 2007 年版。

［8］刘济良：《生命教育论》，中国社会科学出版社 2003 年版。

［9］郭本禹：《道德认知发展与道德教育——科尔伯格的理论与实践》，福建教育出版社 1999 年版。

［10］刘济良等：《价值观教育》，教育科学出版社 2007 年版。

［11］兰久富：《社会转型时期的价值观念》，北京师范大学出版社 1999 年版。

［12］薛华：《哈贝马斯的商谈伦理学》，辽宁教育出版社 1988 年版。

［13］戚万学：《冲突与整合——20 世纪西方道德教育理论》，山东

教育出版社 1995 年版。

[14] 李萍、钟明华主编：《文化视野中的青年道德社会化》，中山大学出版社 2003 年版。

[15] 郑召利：《哈贝马斯的交往行为理论——兼论与马克思学说的相互关联》，复旦大学出版社 2002 年版。

[16] 邓卓明主编：《涌浪中的理性审视社会时尚的嬗变与青年价值观研究》，重庆出版社 1999 年版。

[17] ［美］柯尔伯格：《道德教育的哲学》，魏贤超、柯森等译，浙江教育出版社 2000 年版。

[18] ［德］尤尔根·哈贝马斯：《交往行为理论：行为合理性与社会合理化》，曹卫东译，上海人民出版社 2005 年版。

[19] ［美］路易斯·拉思斯：《价值与教学》，谭松贤译，浙江教育出版社 2003 年版。

[20] 鲍海波：《媒介文化的阐释与批判》，中国社会科学出版社 2009 年版。

[21] 黄希庭、郑涌等：《当代中国青年价值观研究》，人民教育出版社 2005 年版。

[22] 袁贵仁：《价值观的理论与实践——价值观若干问题的思考》，北京师范大学出版社 2006 年版。

[23] 张进辅：《现代青年心理学》，重庆出版社 2002 年版。

[24] 钟启泉、黄志成：《西方德育原理》，陕西人民教育出版社 1988 年版。

[25] 卢泰宏：《信息文化导论》，吉林人民出版社 1990 年版。

[26] ［英］汤因比：《历史研究》，曹未风译，上海人民出版社 1960 年版。

[27] ［美］尼葛洛庞帝：《数字化生存》，海南出版社 1997 年版。

[28] 岳剑波：《信息环境论》，书目文献出版社 1996 年版。

[29] 董焱：《信息文化论——数字化生存状态冷思考》，北京图书馆出版社 2003 年版。

[30] 宫承波：《新媒体概论》，中国广播电视出版社 2007 年版。

[31] ［德］黑格尔：《精神现象学》，商务印书馆 1979 年版。

[32] ［德］卡尔·马克思：《1844 年经济学哲学手稿》，人民出版社 1985 年版。

[33] 胡锦涛：《坚定不移沿着中国特色社会主义道路前进，为全面建成小康社会而奋斗——在中国共产党第十八次全国代表大会上的报告》，人民出版社 2012 年版。

[34] 《在中国共产党第十八次全国代表大会上的报告》，人民出版社 2012 年版。

[35] 叶松庆：《当代未成年人价值观的演变与教育》，安徽人民出版社 2007 年版。

[36] ［美］玛格丽特·米德：《文化与承诺——一项有关代沟问题的研究》，周晓红、周怡译，河北人民出版社 1987 年版。

[37] 林岳新：《多元文化背景下青少年价值观培养研究》，中国社会科学出版社 2011 年版。

[38] 张耀灿、郑永廷等：《现代思想政治教育学》，人民出版社 2001 年版。

论文类

[1] 潘一禾：《论当代中国青少年价值观培育的难点和重点》，《中国青年研究》2007 年第 3 期。

[2] 石远鹏、李创斌：《科尔伯格道德教育理论评析》，《教育研究》2006 年第 8 期。

[3] 郭本禹：《从他律道德到自律道德——科尔伯格的道德类型说评介》，《南京师范大学报》（社会科学版）1999 年第 5 期。

[4] 冯增俊：《科尔伯格道德认知发展建构观的探讨》，《外国教育研究》1994 年第 2 期。

[5] 冯文全：《论拉思斯的价值澄清德育思想及其启示》，《比较教育研究》2005 年第 1 期。

[6] 周瑜：《关于价值澄清理论的几点思考》，《思想政治教育研究》2005 年第 5 期。

[7] 张典兵：《价值澄清理论与我国高校德育变革》，《中国矿业大学学报》（社会科学版）2007 年第 6 期。

[8] 曹清燕：《价值澄清理论与青少年思想政治教育》，《重庆教育学院学报》2005 年第 7 期。

[9] 陈莉：《引导青少年价值选择能力——美国"价值澄清理论"的启示》，《高等工程教育研究》2006 年第 2 期。

[10] 李长燕：《西方德育"体谅模式"之借鉴》，《思想教育研究》2006 年第 3 期。

[11] 景光仪：《西方体谅模式的理论与实践》，《中国德育》2006 年第 10 期。

[12] 张晓瑜：《体谅模式研究》，《江西社会科学》2001 年第 6 期。

[13] 冯俊增：《道德教育的体谅模式评述》，《教育研究与实验》1992 年第 2 期。

[14] 郑富兴：《话语伦理学与学校道德教育》，《比较教育研究》2002 年第 12 期。

[15] 郑璐：《商谈与和谐——哈贝马斯商谈伦理的现代意蕴》，《中共南京市委党校南京市行政学院学报》2003 年第 6 期。

[16] 宗元勇：《当代青少年价值观引导的思考与探索》，《南京建筑工程学院学报》（社会科学版）2001 年第 2 期。

[17] 杨泉良：《语文课程跨学科学习原理及对价值观引导的意义》，《成都大学学报》（教育科学版）2008 年第 2 期。

[18] 林慧娟：《学生情感、态度与价值观引导的思考与实践》，《浙江教学研究》2007 年第 3 期。

[19] 周文华、刘小新：《近年来我国青少年价值观研究状况分析》，《中国青年政治学院学报》2008 年第 2 期。

[20] 魏超贤：《整体大德育课程体系初探》，《教育研究》1995 年第 10 期。

[21] 张华：《论道德教育向生活世界的回归》，《华东师范大学学报》（教育科学版）1998 年第 1 期。

[22] 马纯红：《皮亚杰与科尔伯格道德发展理论的比较研究》，湖

南师范大学硕士学位论文，2003 年。

［23］水淑燕：《价值澄清理论对高校德育改革的启示和警示》，南京师范大学硕士学位论文，2003 年。

［24］杨松峰：《论价值商谈型道德教育》，河南大学硕士学位论文，2007 年。

［25］何琴：《交往行为理论与德育》，南京师范大学硕士学位论文，2008 年。

［26］岳伟：《交往理论的教育意义探索》，华中师范大学硕士学位论文，2002 年。

［27］辛志勇：《当代青少年价值观及其与行为关系研究》，北京师范大学博士学位论文，2000 年。

［28］仇海涛：《中学价值观教育分析》，首都师范大学硕士学位论文，2000 年。

［29］周莉：《论个体价值观的引导》，南京师范大学硕士学位论文，2002 年。

［30］黄立坚：《青少年价值观教育存在的问题分析与对策探讨》，华东师范大学硕士学位论文，2003 年。

［31］张国艳：《转型期青少年价值观教育的探究》，东北师范大学硕士学位论文，2006 年。

［32］姜琨：《青少年价值观教育内容、方法、途径的多主体认知研究》，山西大学硕士学位论文，2006 年。

［33］张珍：《文化多元背景下当代中国青少年价值观教育研究》，广西民族大学硕士学位论文，2007 年。

［34］曹君：《价值澄清理论评介与我国高校价值观教育》，哈尔滨工业大学硕士学位论文，2007 年。

［35］白莲莲：《多元文化背景下中学生价值观的调查研究》，南京师范大学硕士学位论文，2008 年。

［36］刘济良：《论我国青少年价值观教育》，华东师范大学博士学位论文，2001 年。

［37］中国互联网络信息中心：《中国互联网络发展状况统计报告》

（http：//www. cnnic. net. cn/）。

[38] 媒介文化，百度百科（http：//baike. baidu. com/link）。

[39] 涂艳：《网络媒体对青少年价值观形成的影响及对策研究》，贵州大学硕士论文，2009 年 12 月。

[40] 陈玲、王建基：《网络时代大学生马克思主义价值观教育探究》，《人民论坛》2012 年第 10 期。

[41] 钱文彬：《新媒体对大学生价值取向的影响及对策》，《新闻界》2010 年第 6 期。

[42] 冯支越、彭雪松：《大学生网络媒介素养引导方式研究》，《北京教育（高教）》2013 年第 1 期。

[43] 党跃武：《信息文化简史》，《情报资料工作》1995 年第 5 期。

[44] 陈秉公：《论社会主义核心价值观"高势位"培育和践行的规律性》，《思想政治教育》2014 年第 5 期。

[45] 埃菲社：《计算机中长大的"数字化一代"》，《参考消息》1995 年 11 月 2 日第 3 版。

[46] 钟明华、黄荟：《社会主义核心价值观的内涵解析》，《山东社会科学》2009 年第 12 期。

[47] 刘云山：《着力培育和践行社会主义核心价值观》，《求是》2014 年第 1 期。

[48] 中国互联网络信息中心：《中国互联网络发展状况统计报》[2013 - 02 - 18]（http：//www. cnnic. cn/gjymaqzx/aq/201301/t20130125_ 38634. htm）。

[49] 张耀珍、黄卫东：《当前青少年虚拟商品消费的现状问题与对策》，《中国青年研究》2011 年第 12 期。

[50] 屠斌斌、章俊龙、姜伊素：《大学生手机成瘾倾向问卷的初步编制》，《和田师范专科学校学报》2010 年第 4 期。

[51] 莫梅锋、王旖旎、王 浩：《青少年手机沉迷问题与对策研究》，《传媒教育》2014 年第 5 期。

[52] 鲍海波等：《象牙塔里看媒介——西安大学生媒介素养现状调查报告》，《新闻记者》2004 年第 5 期。

［53］阮海红：《信息的异化与信息管理》，《图书情报工作》2000
年第 4 期。

［54］中国互联网络信息中心：《中国互联网络发展状况统计报告》
（http：//www. cnnic. net. cn/）。

［55］郑永廷、银红玉：《试论人的信息异化及其扬弃》，《教学与研
究》2005 年第 6 期。

［56］秦子淮：《论人学视野中的信息异化》，《南华大学学报》（社
会科学版）2011 年第 1 期。

［57］《异常行为社会学》，百度百科（http：//baike. baidu. com/link）。

［58］贾武力：《网络成瘾的成因、行为表现与社会危害》，《沈阳农
业大学学报》（社会科学版）2005 年第 4 期。

［59］中国青少年网络协会：《中国青少年网瘾报告（2009）》，《北
京晚报》2010 年 2 月。

［60］王矜学、王有荣：《学生安全教育是建设平安和谐校园的重要
前提》，《学习月刊》2009 年第 8 期。

［61］付刚：《中小学安全工作现状及对策》，《聚焦教育》2007 年
第 16 期。

［62］司悦：《青少年厌学心理的内在成因探析》，《学园》2012 年
第 7 期。

［63］《青少年犯罪》，百度百科（http：//baike. baidu. com/link）。

［64］史斌、史淑琴、刘文根：《谈青少年厌学的原因与对策》，《河
北北方学院学报》2006 年第 2 期。

英文部分

［1］L. Kohlberg & Turiel. *Moral Development and Moral Education*, Phi-
losophy and Education Practice, edited by Lesser. Scott. Foresman,
Chicago, 1971.

［2］R. F. Kitchener. *Piaget's Theory of Knowledge*. New Haven：Yale University Press, 1986.

[3] Zorn, David. "The Attitudes of Present and Future Teachers to the Teaching". *Journal of Genetic Psychology*, 1997, 158 (3).

[4] Kirshenbaum, Howard. "From Values Clarification to Character Education: A Personal Journey". *Journal of Humanistic Counseling*, Education & Development, 2000, 39 (1).

[5] Halstead, J. Mark, Taylor, Monica J. "Learning and Teaching about Values: a review of recent research". *Cambridge Journal of Education*, 2000, 30 (2).

[6] Brasher, Keith. "Putting Values in Classroom, Carefully". *New York Times*, 1996 – 10 – 23, 136.

[7] Jennings, Bruce, Nelson, James Lineman. "Values on campus". *Liberal Education*, 1996, 82 (1).

[8] L. Kohlberg. *The Philosophy of Moral Development*, Harper and Row, San Francisco, 1981.

[9] George Izzl. "Compulsory Ethics Education and the Cognitive Moral Development of Salespeople: A Quasi-Experimental Assessment". *Journal of Business Ethics*, 28: 223 – 231, 2000.

[10] H. Fenwick Huss & Denise M. Patterson. "Ethics in Accounting: Values Education without Indoctrination". *Journal of Business Ethics*, 12: 235 – 233, 1993.

[11] K. F. Alam. Ethics and Accounting Education. Teaching business ethics 2: 261 – 272, 1999.

[12] Yassin Sankar. Education in Crisis: A Value-Based Model of Education Provides Some Guidance. Interchange, Vol. 35/1, 127 – 151, 2003.

[13] Louis E. Raths, et al., *Values and Teaching*. Columbus, Ohio: Merrill, 1978.

[14] Fred W. Newman. *Education for Citizen Action: Challenge for Secondary Curriculum.* Berkeley, Calif: McCutchan, 1975. p. 225.